# 物理老师这样说

## 有故事的热和声

[俄罗斯] 雅科夫·伊西达洛维奇·别莱利曼 著

马文睿 编译　王婧瑜 绘

北京科学技术出版社

100 层童书馆

注意：请确保在安全环境及成人监督下进行书中所述物理实验。切勿尝试任何超出自己理解或能力的实验，以避免潜在的危险。

**图书在版编目（CIP）数据**

物理老师这样说.有故事的热和声 /（俄罗斯）雅科夫·伊西达洛维奇·别莱利曼著；马文睿编译；王婧瑜绘 . -- 北京：北京科学技术出版社，2024.4
ISBN 978-7-5714-3266-9

Ⅰ.①物… Ⅱ.①雅… ②马… ③王… Ⅲ.①中学物理课 - 初中 - 教学参考资料 Ⅳ.① G634.73

中国国家版本馆 CIP 数据核字 (2023) 第 192787 号

---

**策划编辑**：谭振健
**责任编辑**：郑宇芳
**封面设计**：刘邵玲
**图文制作**：雷　雷
**责任校对**：贾　荣
**营销编辑**：赵倩倩
**责任印制**：吕　越
**出 版 人**：曾庆宇
**出版发行**：北京科学技术出版社
**社　　址**：北京西直门南大街 16 号
**邮政编码**：100035
**电话传真**：0086-10-66135495（总编室）
　　　　　　0086-10-66113227（发行部）
**电子信箱**：bjkj@bjkjpress.com
**网　　址**：www.bkydw.cn
**印　　刷**：天津联城印刷有限公司
**开　　本**：787 mm × 1092 mm　1/32
**字　　数**：70 千字
**印　　张**：4
**版　　次**：2024 年 4 月第 1 版
**印　　次**：2024 年 4 月第 1 次印刷
**ISBN** 978-7-5714-3266-9

**定　　价**：200.00 元（全 5 册）

# 学好物理的秘诀

作为一名中学物理老师，我被问到最多的问题就是："怎样才能学好物理？"其实，物理源于生活，想要学好物理，就要先学会做生活的有心人。这意味着你需要善于观察，乐于实践，勤于思考，并学会将理论知识与实际生活联系起来。

比如，你在冬天看到水结成了冰时，思考过这是为什么吗？结冰需要什么条件？如何制作冰块？我们可以用冰来做些什么？如果你能经常这样思考，相信一段时间之后，你会对这个世界有更深的理解。

在我读初中的时候，别莱利曼的书是我最喜欢的科学启蒙读物。书中内容丰富，尽管有许多复杂的公式和计算，有些甚至达到高中和大学知识的难度，但别莱利曼独特的叙述方式依然激发了我对物理的浓厚兴趣。

《物理老师这样说》里的文章是从别莱利曼原著中精心挑选和整理出来的，并按照初中物理教材的顺序进行了分类。即便你刚接触物理，也能够真实感受到：物理不仅是充满趣味的，而且与生活息息相关。通过阅读和观察，你可以思考生活中的物理现象，为未来的物理学习打下坚实的基础。

总之，学好物理的关键，是要带着探索的心态去理解这个世界，是要有一双善于发现的眼睛。只要保持好奇心和求知欲，你就会发现物理的魅力所在。

欢迎进入神奇的物理世界！

马文喆

# 目 录

## 热、能量和温度 7

## 声音和听觉 85

# 热、能量和温度

# 温度计的历史

在大约 2000 年前，古希腊数学家希罗利用空气受热膨胀的原理发明了一个像蒸汽机一样的装置。1593 年，意大利科学家伽利略发明了泡状玻璃管温度计：当空气受热膨胀时，管内的有色液体的液面会下降，据此人们可以粗略地测量出温度。这种温度计会受到气压的影响，得出的温度数据并不准确。

1612 年，伽利略的朋友、生理学家桑克托里奥改进了伽利略的温度计，并用它来测量体温：管上标有刻度，管内装有有色液体，空气受热膨胀会把液体往下压，人们可以从玻璃管上的刻度读取温度。这是世界上最早的温度计。不过桑克托里奥改进的温度计还是不够精确。

1632 年，法国医生、化学家兼物理学家让·雷伊把伽利略发明的温度计的玻璃管倒置，利用其中的水来测量物体的温度。由于管口没有密封，这种温度计测量的数据会因水的蒸发而产生误差。这是用水作为测温物质的温度计，后来又有科学家发明了以酒精作为测温物质的温度计。1658

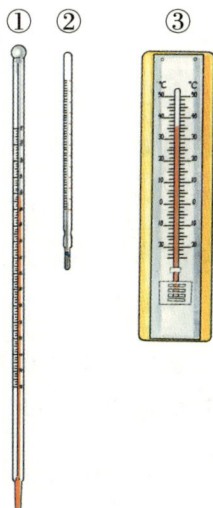

现在常见的几种温度计：
①实验室用温度计
②体温计 ③寒暑表

年，法国天文学家兼数学家伊斯梅尔·博里奥制成了第一个用汞（即水银）作为测温物质的温度计。从那时起，温度计里的测温物质都没再发生太大的变化，以酒精、汞、煤油为主。

使用体温计：用体温诊断疾病的方法是1858年由德国医生文德利希发明的。但是，病人不但要用嘴含着水银体温计，还要不时低头查看温度，很不方便；并且体温计从嘴里拿出来后会遇到空气，指示的温度会变化。后来，英国医生阿尔伯特想出了一个好办法，他在体温计的水银管里设计了一个叫作"缩口"的狭窄通道。水银体温计被含在嘴里时，水银柱受热膨胀可以通过缩口向上延伸；但遇冷后无法通过缩口流回。缩口以上的部分不会下降，医生因此可以得到体温计被取出前的体温数值。这就是水银体温计。

随着电子技术的发展，20世纪70年代电子体温计出现了。现在的电子体温计通过液晶显示屏直接显示体温，有的电子体温计甚至精确到百分位。还有一种非接触式红外线体温计，又叫"测温枪",只要把"枪口"对准人或物体,"枪尾"的液晶显示屏上就能直接显示被测人或物体的温度。

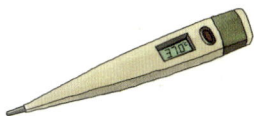

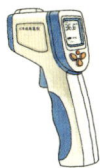

电子体温计　　　　　非接触式红外线体温计

物理老师这样说

　　不同温度计的测温原理是不同的。常见的气体、液体温度计是根据气体、液体的热胀冷缩的原理制成的。双金属温度计是根据两种金属受热膨胀程度不同的原理制成的。在由两根不同的金属线组成的闭合环路中,如果有一个接头被加热,环路里就会产生电流;两个接头的温差越大,电流就越强,根据这个原理制成的温度计叫作"热电偶温度计",它能测量很高的温度。还有一种辐射温度计,它是通过光学方法测定物体的热辐射情况,进而得到物体的温度。

# 铁轨接头处的空隙

你可以问问爸爸妈妈：以前坐火车时是不是总会听到"哐当哐当"的声音？相信他们一定会给你讲讲过去的故事。那么，"哐当哐当"的声音是从哪里来的呢？

你如果仔细观察老式火车铁轨的模型，就

可以发现在两根铁轨的接头处一般都留有空隙，它的术语叫"接头轨缝"。就是这道不起眼的空 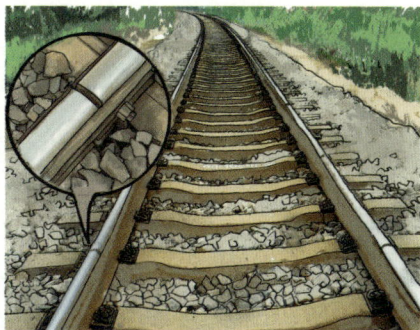 隙，使得火车在运行时不断地发出"咣当咣当"的声音。为什么以前铺设的铁轨要留出接头轨缝呢？这是因为物体都具有热胀冷缩的特性，夏天温度较高，烈日下铁轨的温度会升得更高，铁轨受热膨胀后就会变长。如果没有接头轨缝，铁轨就会相互挤压，发生变形，甚至会将固定铁轨的道钉挤脱落，导致火车无法正常运行，引发非常危险的事故。同理，冬天天气寒冷，铁轨会收缩，铁轨之间的空隙就会变大，这也会对火车运行造成安全隐患。

接头轨缝虽然可以防止铁轨因受热膨胀而变形从而避免火车事故的发生，但接头轨缝会造成车轮撞击铁轨，缩短车轮的使用寿命。随着物理研究的不断深入和技术水平的不断进步，我们逐渐开始铺设无缝铁轨。无缝铁轨不仅能减小列车运行的阻力、降低行车时的振动及噪声，而且能大幅提升列车运行的稳定性，让列车的运行更平顺、更安全，旅客在车上也不会感到颠簸。有了无缝铁轨，我们坐火车时再也不会听到"哐当哐当"的声音啦！

# 埃菲尔铁塔有多高

高度差约
120毫米

冬天时的埃菲尔铁塔　　　　夏天时的埃菲尔铁塔

　　埃菲尔铁塔位于法国巴黎，1887年1月开始建造，1889年3月竣工，是当时世界上最高的建筑。但埃菲尔铁塔最初的高度是312米，而

现在的高度则接近330米。难道埃菲尔铁塔会"长个儿"吗?

埃菲尔铁塔"长个儿"的原因就是热胀冷缩。在不同的季节,埃菲尔铁塔的高度会因温度的变化而变化。有数据表明:温度每升高1℃,100米长的铁杆长度会增加1毫米左右。假设巴黎夏天的温度是40℃,冬天温度是0℃,温差是40℃。将埃菲尔铁塔的高度取整,计为300米,那么一年之中,塔高的变化有120毫米之多,比一个拳头略宽。

这只是粗略计算得出的结果。实际上,埃菲尔铁塔对温度和天气的变化非常敏感,无论是下雨还是晴天,都会影响它的高度。只是高度的变化非常细微,除非借助特制的镍钢丝来测量,否则我们难以察觉。

　　茶壶的壶盖上都有一个小孔，它有一个重要的作用：排出茶壶中的蒸汽。如果没有这个小孔，茶壶中的蒸汽就可能会将壶盖顶起来。有趣的是，茶壶和壶盖受热后也会膨胀，因此茶壶的容积、壶盖上的小孔都会变大，只是这种变化不够明显，肉眼看不出来。

# 在沸水中
# 不会融化的冰块

　　让我们来做一个实验，这个实验需要我们把一块冰放到装满水的试管底部。由于冰的密度比水小，冰块会浮在水面上，所以我们要用更重的东西比如石头，把冰块压下去。然后，像下图那样，把试管倾斜着放到酒精灯的火焰之上。注意，

只加热试管上端，直到水沸腾为止。

观察试管底部，你会发现冰块并没有融化。为什么会这样呢？

水在受热时会膨胀变轻，因此沸腾的水会向上涌，而非向下流。也就是说，沸腾的水只位于试管的上端，并没有流到冰块所在的试管底部。当试管上端受热时，底部的水只能靠水的导热作用变热，但水的导热率很低，以至于底部的水温迟迟无法达到沸点，冰块就不会融化。这也是为什么我们用水壶烧水时，水壶要放在火的正上方而非火的旁边。

**物理老师这样说**

水结冰后体积变大，密度变小。这个变化产生的作用力非常惊人。有人做过实验，发现水结冰后可以撑破一个厚5毫米的铁瓶。这也是水管在冬天易被冻裂的原因。

# 放在冰上
# 还是放在冰下

烧水时，我们会把水壶放在火的上方，这样水壶里的水才能充分利用火的热量。如果我们想用冰块来给杯子里的饮料降温，却又不想把冰块放进杯子里，是不是也要把杯子放在冰块上方呢？

其实这样做并不能让饮料快速降温。杯子底部的饮料接触冰块后的确会变凉，但也会变重，温度不容易向上传递，杯子上方的饮料仍是热的。相反，如果把冰块放在杯盖上，杯子上方的饮料冷却后变重、下沉，底部不那么冷的饮料就会上升，这样不停地循环，杯子里的饮料很快就都变凉了。

使肉、蔬菜、鱼等食物冷却的方法和上述方法相同，即要将食物放在冰块的下方，而非冰块的上方。要想用冰块给房间降温，就应该把冰块放在高处，比如放在书架上或挂在天花板上，而非放在椅子上或地板上。看看家里的空调都安装在什么地方你就明白了。

**物理老师这样说**

很多物体都有热胀冷缩的特点，水也是这样的。但水有一个奇特的现象叫"反常膨胀"：在0℃到4℃这个温度区间里，水是热缩冷胀的——当水温从0℃升高到4℃时，水的体积会变小；当水温从4℃降低到0℃时，水的体积会变大。另外，4℃的水密度最大。

# 热气流与纸蛇狂舞

　　热气流指气体受热之后产生的流动现象。我们可以通过做实验观察到这一现象。先将一张纸剪成圆形，然后在圆形纸片上画一条螺旋线，并沿螺旋线剪开纸片，一条纸蛇就做好了。将纸蛇的尾巴用细线绑好挂在倒"L"字形的木杆上，使"蛇头"自然垂落，注意木杆要足够高；把点燃的酒精灯放在纸蛇下方，你会看到纸蛇转了起来。火苗越旺，纸蛇转得越快。

如何解释纸蛇转动的现象呢？

和其他物体一样，空气被加热后，体积会膨胀，变得稀薄，也就是变轻了。而周围的空气比较冷，相对较重，冷空气会将热空气挤到上面去，并占据热空气的位置。而下面的冷空气被加热后，会和之前的热空气一样，被周围的冷空气挤到上面去——在冷空气下降，热空气上升的循环过程中，一股上升的热气流逐渐形成，就像有一股向上吹的热风。酒精灯上方的热气流在形成过程中吹动了纸蛇，使它不停地转动。

你还可以尝试用更轻薄的纸，将其剪成蝴蝶的形状。同样用细线把纸蝴蝶绑在倒"L"字形的木杆上，让纸蝴蝶保持平衡，将其置于酒精灯的火焰之上，你会看到纸蝴蝶扇动翅膀，翩翩起舞。

# 暖气和
# 空调的秘密

　　在北方，几乎每个家庭都会安装暖气片或地暖。暖气片一般都安装在靠近地面的位置，这是因为供暖时暖气片周围的空气会受热上升，还没

暖和起来的空气会往下沉，继续被暖气片加热，被加热的空气又会上升，进而产生上升的热气流，整个房间很快就暖和起来。

　　夏天的时候，我们会使用空调来降温。空调总是安装在房间的上方，这是因为冷空气比较重，当冷风不断从上往下吹时，整个房间就会迅速变凉。在液体或气体中，较热的部分总会上升，较冷的部分总会下降，在循环流动中液体或气体的温度趋于均匀，这种传递热的方式叫作"热对流"。

自然界的风就是热对流的产物。太阳光照射地球表面，地表温度升高，地面附近的空气受热后上升，周围的冷空气就会填补热空气的位置，热空气又会在上升的过程中逐渐冷却，从而变重、下沉——风就是在空气的不断流动中形成的。

# 煤油灯的灯罩

　　在电灯走进千家万户之前，煤油灯是人们最常用的照明工具。达·芬奇对煤油灯进行过一番改进，用金属筒把煤油灯罩了起来；3个多世纪后，人们又发明了透明的玻璃圆柱形灯罩，以代替金属筒灯罩。

　　在达·芬奇的手稿里，有这样一段话："有火的地方，四周会形成气流。这股气流可以帮助燃烧，甚至促进燃烧。"点着煤

油灯以后，火苗周围的空气会因受热变轻而上升；那些没有被加热的空气就会下沉，填补那些受热的空气的位置，促进受热的空气向上运动。空气就这样不断地从下向上运动，燃烧生成的废气被带走，新鲜的空气不断补充进来。灯罩做得越高，热空气柱与冷空气柱的重量差就越大，新鲜空气就能更快地流入灯罩，煤油灯就燃烧得越旺。煤油灯的灯罩跟工厂烟囱的工作原理是一样的，所以你会看到很多高高的烟囱。

**物理老师这样说**

　　除了保护火苗、不让其被风吹灭，灯罩最直接的作用就是提高煤油灯的亮度。加上灯罩后，灯内空气流动加快，煤油灯的燃烧就更旺。并且玻璃比金属的透光性好，煤油灯就显得更亮了。

# 人体的耐热能力

人体的耐热能力要比我们想象的强得多。

在热带地区的夏天，即使是在阴影下，温度也常常能达到46℃，有时甚至高达55℃。当轮船从红海行驶到波斯湾时，即便船舱里的通风设备一刻不停地工作，温度依然会达到50℃，甚至更高。生活在这些地方的人们往往承受着我们难以想象的高温。

上面这些温度，都是在非太阳直射下测量出来的。为什么气象学家测量的不是太阳的直射温度呢？这是因为太阳会把温度计晒得比周围的空气热，温度计就无法正确测量空气的温度了。只有避开太阳光的直接照射，温度计才能测出空气的温度。

　　那么，我们究竟能不能测出人体所能承受的最高温度呢？在干燥的空气中，如果人体周围的空气温度是慢慢升高的，那么人体有可能承受100℃的高温，甚至是更高的温度。英国曾有物理学家为了做实验，在面包房烧热的炉子旁待了几个小时。另一位英国物理学家丁达尔也说："即

百叶箱里放有气象观测仪器，用来测量空气的温度和湿度

便房间里的温度已经高到可以煮熟鸡蛋和烤熟牛排，人也可以安全地待在里面。"

　　该如何解释人体的这种耐热能力呢？关键就在于人体会通过排汗来抵抗高温。汗水蒸发时会带走贴近皮肤的那层空气中的热量，使得这层空气的温度降低。不过人体能够耐高温的前提是：热源不与人体直接接触，且空气必须是干燥的。

## 物理老师这样说

　　在气象要素中，温度、湿度、风和太阳辐射都会影响人体的舒适度，其中温度和湿度的影响最大。即使是在同样的温度下，每个人的感受也不尽相同，这就是体感温度。如果空气湿度比较大，人就会感到闷热。一般而言，气温达到32℃，相对湿度超过80%，人就会感到非常不舒服。

# "奇迹"是
# 怎样创造出来的

据说，古希腊数学家希罗曾经利用机械原理帮助古埃及的祭司欺骗大家，使他们相信"奇迹"的存在。

古埃及的庙宇外放置着一座中空的金属祭台，祭台下装有可以控制庙宇大门开合的装置，这个装置里有一个装着水的容器。当祭司点燃祭台中的燃料时，祭台内的空气受热膨胀，容器中的水受到强大的压力而被挤出，顺着管子流到水桶中，水桶变重向下落，带动机关把庙门打开。在不明就里的人眼中，祭司一点燃祭台上的火，庙门就自动打开了——人们以为自己亲眼见证了

"奇迹"，不知道地板下暗藏着一套机械装置。

祭司还有另外一个骗人的把戏：点燃祭坛上的火，让受热膨胀的空气把油箱中的油压到暗藏在雕像中的管子里，油顺着管子滴到火中，火就烧得更旺了。如果祭司不想让火烧得更旺，只要悄悄地拔掉油箱盖子上的木塞，油就不会被压到管子里了。祭司通过这种办法控制火苗，以吓唬那些来祷告的人。

　　为什么油箱盖子上的木塞能起到这么大的作用？你可以用盒装牛奶做一个实验：将吸管插进盒子上预留的孔里，向吸管里面吹气，牛奶盒就会膨胀起来。如果你继续吹气，牛奶还有可能从管中喷出来。

# 起风时，人为什么
# 会感到寒冷

在寒冷的冬天，刮风时人会感觉更冷。这是因为人的身体会不停地散发热量，风吹走了身体周围的热空气，取而代之的是冷空气。风刮得越大，皮肤每分钟接触到的冷空气就越多，身体散失热量的速度也就越快，人就会感觉越来越冷。

此外，我们的身体一直在通过皮肤向外蒸发水分，这个过程会带走附着在我们身上的空气热量。没有刮风时，水分蒸发的速度比较缓慢；但刮风时，水分蒸发的速度就会加快，热量就会源源不断地被带走，我们就会感觉越来越冷。

风速和气温是决定风的冷却作用的关键因素。风的冷却作用比我们想象的要大得多。假设气温是4℃，在没有风的情况下，我们的皮肤温度大约是31℃；当我们的皮肤暴露在风速达6米／秒的大风中，我们的皮肤温度就会下降到大约只有22℃了。

 物理老师这样说

还有两种方法可以促进水分蒸发：提高温度以及增大蒸发面积。例如，要想尽快晾干湿衣服，除了借助大风，还可以把湿衣服晾晒在阳光下，并把衣服尽可能地展开晾晒。

# 扇扇子为什么
# 会让人感到凉爽

扇扇子时，人会感到非常凉爽，为什么呢？

接触皮肤的空气因身体不断散发热量而形成一层"热膜"。扇扇子可以帮助我们驱走覆盖在皮肤上的"热膜"，使凉爽的空气持续不断地和我们的皮肤接触，加快热量的散发，从而让我们感到凉爽。

而且，当我们出汗时，用扇子扇风可以加速皮肤表面的汗水蒸发，带走热量，这样我们就更容易感到凉爽了。护士用酒精棉擦拭我们的皮肤后，我们会感到丝丝凉意；从游泳池上来后，我们会被风吹得瑟瑟发抖，这些都是因为蒸发会吸收皮肤的热量。

**物理老师这样说**

　　聪明的设计师会利用水的蒸发来降低室内的温度。他们制作了一种装置，使用时开启上方的洒水功能，就会形成水幕，仿佛一块水做的"窗帘"。当风吹过时，水蒸发带走热量，会让风变得异常凉爽，祛暑效果极佳。从装置上方洒下来的水还可以收集起来循环利用，非常环保。

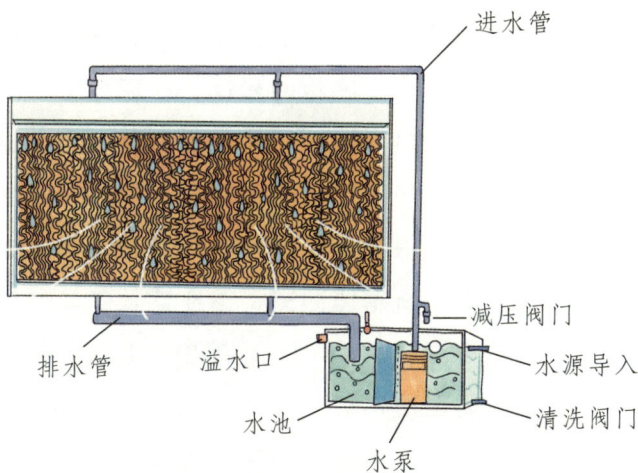

进水管

减压阀门

排水管　　溢水口

水源导入

水池　　　　　清洗阀门

水泵

# 自制简易冰箱

蒸发的过程中会吸收热量，我们可以利用这一原理制作一台简易冰箱。即使不用电或冰，我们也可以让食物保持新鲜。

简易冰箱的制作方法非常简单：首先，找一个木箱或铁皮箱作为冰箱的箱体，在箱体下方放一个比它大的浅口容器，箱体里需要装上用来放置食物的架子；然后，在箱顶放置一个水盆，水盆里盛放凉水，将一条毛巾的一端浸在水中，让毛巾的另一端顺着箱体后壁，落在盛放箱体的容器上；当毛巾湿透后，水会不断渗进毛巾，通过蒸发来吸收周围的热量，简易冰箱的内部也会随之变冷。注意要用干净的箱体、水盆和毛巾来制作简易冰箱，以确保食物的卫生。简易冰箱制成后，要放在通风、凉爽的地方，每晚要更换箱顶水盆里的凉水。

**物理老师这样说**

简易冰箱还有很多样式，但原理都是利用水的蒸发来给食物和周围的空气降温。在一些沙漠地区，当地居民会用一种双层陶罐来制作简易冰箱。他们会在内罐和外罐之间填满潮湿的沙子，使用时将食物放在内罐，罐口盖上湿布，将陶罐放在干燥、通风的地方，同样可以起到降温、保鲜的作用。

# 纱巾的保温作用

纱巾很薄，并且表面有很多小孔，在天气转凉的时候，佩戴薄薄的纱巾真能起到保暖的作用吗？

空气接触到我们的皮肤时会变热，会像面膜一样覆盖在我们脸上。而纱巾上的小孔会阻碍空气流动，进而阻挡风吹走这层热空气，让人保持暖和。有些人在骑自行车时会佩戴骑行围巾，这对颈部也有很好的保温作用。

但是，为什么沙漠里明明很热，许多生活在沙漠中的人也会穿长袍、戴帽子或纱巾呢？这是因为白天沙漠里的气温比人的体温高，刮风时，热空气吹到身上，人会觉得更热而不会感到凉爽。

即使风可以加速汗水的蒸发，但热风会给人带去更多热量。穿长袍、戴帽子或纱巾不仅能防晒，还能避免热空气过多接触身体，保留身体表面相对凉的空气。

**物理老师这样说**

人体如果比空气热，就会把热量传递给空气；如果空气比人体热，空气就会把热量传递给人体——这是因为温度高的物体会把热量传递给温度低的物体；在物体内部，温度高的部分会把热量传递给温度低的部分。

# 温暖的棉衣

在寒冷的冬天，我们要穿上棉衣或羽绒服来保暖，但这些衣服本身并不是热源，它们不能给我们带来热量。热量只能从温度高的物体传递到

温度低的物体，暖气、火炉、太阳等温度比我们高的物体才是热源。

找一支温度计，先记下它的初始数值，然后用棉衣裹住它，几小时后取出来读取温度，你会发现温度计上的数值并没有变化，这说明棉衣不会产生热量。既然如此，为什么我们穿上棉衣后会感到温暖呢？人体是一个热源，棉衣的作用是包裹住我们的身体，防止热量散失，并隔绝冷空气，让我们不会感觉到寒冷。

雪和棉衣一样，也能阻止热量传递。下雪后，被雪覆盖着的土地会保持一定的温度，和裸露在外的土地之间的温差很大，甚至能够超过10℃。

**物理老师这样说**

有些外卖的包装袋是用隔热材料制成的，它们就像食物的棉衣。这种包装袋也是通过防止热量传递达到保温或冷藏作用的。

# 用纸锅烧水的秘密

　　普通的纸一烧就着，但在特定的情况下，纸却不会被火点燃。

　　我们可以用纸盒来做一个实验。把纸盒裁剪拼装成一个大小适中的纸锅，再向纸锅中倒一些水；并将纸锅放在一个铁架上，在铁架下面放一个点燃的酒精灯，让火苗对准纸锅的底部。我们会看到纸锅里冒出热气，过一会儿，水竟然沸腾了！如果熄灭酒精灯，我们可能会看到纸锅底部的边缘有烧焦的痕迹，中心发黄，但纸锅没有漏水，也没有燃烧起来。而如果我们将一个干燥的纸锅放到铁架上，并用点燃的酒精灯加热纸锅的底部，纸锅很快就会燃烧起来。为什么会这样呢？

原因就在于纸锅中的水——水的沸点是100℃，纸的着火点，又叫燃点，在130℃以上。纸锅里的水在加热的过程中不断吸收热量，使纸锅的温度达不到燃点。既然温度达不到纸锅的燃点，纸锅也就不会燃烧了。

物理老师这样说

我们来做一个拓展实验：将一个锡块放到纸锅里，使火苗位于锡块的正下方。因为锡的导热性特别好，火的热量很快就会被锡块吸收，纸锅的温度不会快速上升，所以即使锡块熔化了，纸锅也不会被点燃。

# 炸裂的玻璃杯

　　在玻璃杯的制作工艺还不发达时，玻璃杯的质量良莠不齐。往杯里倒热水时，玻璃杯会突然炸裂，尤其是在北方寒冷的冬天，这种情况频繁发生。由于冬天气温较低，往冷的玻璃杯中倒入热水时，杯子内壁会迅速受热膨胀，而外壁还处于低温状态，内壁膨胀受阻，外壁承受过高的压力导致杯子炸裂。

　　相比厚玻璃杯，薄玻璃杯反倒不容易炸裂，因为热量能迅速传到外壁，使杯子内外均匀受热。科学家做实验用的试管的管壁就比较薄，即使被放到火上加热，试管也不会炸裂。

　　往玻璃杯里倒热水前，可以先在杯子里放一

把银勺，因为金属的导热性比玻璃好得多，热量会迅速传到银勺上，玻璃杯内壁就不会迅速受热。当然，其他的金属勺也可以，只是银的导热性更好。你还可以在倒热水之前，先倒一些温水，让玻璃杯预热，这样玻璃杯也不容易炸裂。

　　将装有热水的玻璃杯从暖和的地方突然拿到寒冷的地方，杯子也容易炸裂。因为当玻璃杯所处环境的温度迅速发生变化时，玻璃杯外壁受冷收缩，还没开始收缩的内壁会受到强大的压力，导致杯子炸裂。所以，尽量不要将盛有滚烫食物或液体的玻璃杯突然拿到温度很低的环境中。

现在，玻璃杯的制作工艺越来越精湛，玻璃杯炸裂的情况少了很多。市面上的玻璃杯大都使用高硼硅玻璃，这种材料的耐热性好，可以承受很高的温度。

# 为什么火苗
# 不会熄灭

当我们点亮蜡烛时，燃烧的蜡烛会产生二氧化碳和水蒸气，这些不能燃烧也不助燃的气体包围着火苗，阻碍了空气流动。没有氧气，蜡烛是不能持续燃烧的，火苗应该熄灭才对。

但是，实际情况却和我们预想的不一样，蜡烛并不会因此熄灭。原因就在于二氧化碳和水蒸气受热膨胀后变得比同体积的空气轻，不会一直停留在火苗附近，而会慢慢上升，从而使新鲜的空气迅速补充过来，围绕在火苗附近，持续提供蜡烛燃烧所需的氧气，燃烧就会一直持续下去。

在地球上，物体受到重力的影响，比较轻的

气体会上升。但是，在没有重力的环境中，燃烧产生的二氧化碳和水蒸气会一直围绕在火苗周围，不会上升，所以，火苗在燃烧一段时间后就会自行熄灭。

扑灭火苗的办法有很多，比如我们可以用嘴吹灭火苗，用一盆水浇灭火苗，或者用脚踩灭火苗等。扑灭火苗其实就是破坏燃烧的条件：第一，我们可以清除可燃物或者将可燃物与其他物品分离；第二，我们可以隔绝空气或氧气，当氧气耗尽，可燃物就会停止燃烧；第三，我们可以将可燃物的温度降低到着火点以下，因为可燃物的温度只有达到着火点才会燃烧。

清除可燃物　　　　隔绝空气　　　　降低可燃物温度

水能够灭火，这是常识，但水到底为什么能够灭火呢？这个看似简单的问题却不太容易回答。

首先，水接触到炽热的物体后，会变成水蒸气，这个过程就是水的蒸发，在蒸发过程中，水会从物体上带走大量的热量。当可燃物的温度降到着火点以下，火自然就熄灭了。

其次，水变成水蒸气后，体积是原来的好几百倍。燃烧的物体被水蒸气包围后，就与空气隔绝了。没有了氧气，燃烧自然就无法继续了。

# 用火来灭火

　　有时扑灭森林或草原火灾的最佳方法，甚至是唯一的方法，就是提前点燃大火蔓延前方的森林或草地。新燃起的火焰会向着熊熊火焰前进，先把易燃的物质烧光，这样大火就会失去燃料。当两股"火龙"正面相遇时，它们就像要吞噬彼此，可燃烧物质烧尽后，火就熄灭了。

　　有一篇小说曾经描写过一位老猎人以火灭火的惊心动魄的场景：

一块直径大约为 6 米的空地被清理了出来，老猎人走到了空地的另一边，开始耐心地等待。过了一会儿，他在枪托上点燃了一捆干草，然后把着火的干草使劲扔到了高树丛中。老猎人放的那把火异常贪婪地扑向了新的燃料，草地在一瞬间就被点燃了。

　　火势越来越大，开始向三个方向蔓延开来。由于在第四个方向没有燃料，火迅速熄灭了。随着火势的蔓延，烧出来的空地也越来越大，空地上还冒着黑烟，所有的东西都被烧没了，甚至比刚才大伙儿用镰刀割出来的空地还要干净。

　　几分钟后，各个方向的火基本上都熄灭了，四周就只剩下黑烟。现在已经没有什么危险了。


　　看到这里，我们都替老猎人捏了把汗！我们要是真的遇到了森林或者草原火灾，可不能轻易采用这种方法。灭火者除了要有过人的胆量，还要有丰富的知识和经验，否则可能会引发更大的灾难。当大火很近时，火海上方的空气因受热膨胀而变轻上升，所以没有着火的草原上方的新鲜空气会及时过来补充。这时，在火海的附近，就会出现一股迎着火焰而去的气流。因此，要想采用以火灭火的方法，就必须要等火烧到一定程度，可以感觉到涌向火海的气流的时候才行。这就是老猎人不着急点火，而一直耐心地等待的原因。如果火放得太早，气流还没有出现，火就会烧向相反的方向，这样火灾就严重了；如果火放得太晚，火越烧越近，那么灭火者也会陷入危险。

**物理老师这样说**

　　有个成语叫"釜底抽薪"，指的是把锅底的柴火抽掉，水就不再沸腾了。从燃烧条件的角度看，这种方法和以火灭火的原理是一样的：清除可燃物，燃烧就无法继续。

# 能否用沸水将水烧开

为了弄清楚这个问题，我们要做一个小实验。

准备一个装有水的玻璃瓶，用细线把它挂起来，放入一个盛着水的锅里。注意，千万不能让玻璃瓶接触锅底。把锅放到火上，当锅里的水开始沸腾时，玻璃瓶里的水却没有随之沸腾。其实，无论你等多久，玻璃瓶里的水都不可能沸腾。玻璃瓶里的水会变得很烫，但不会沸腾。

　　液体沸腾需要满足两个条件：一，液体达到沸点；二，液体要持续吸收热量。一般条件下，水的沸点是100℃。在实验过程中，你会发现锅里的水可以沸腾。因为灼热的锅底在不停地为锅里的水提供热量，锅里的水不仅能达到100℃，还在持续不断地吸收热量。但就算继续加热锅里沸腾的水，水温也只能达到100℃。当玻璃瓶内外的水温都达到100℃时，锅里的水就无法向玻璃瓶里的水传递热量了，这就是玻璃瓶里的水会变得很热，但始终不会沸腾的原因。

### 物理老师这样说

　　要想让玻璃瓶里的水沸腾起来，可以往锅里撒一把盐，因为盐水的沸点略高于100℃；或者将玻璃瓶里的水换成酒精，因为酒精的沸点低于100℃。这样的话，玻璃瓶里的液体就能沸腾起来了。

# 能否用冷水将水烧开

　　既然沸水都不能把水煮开，那冷水就更不用
说了！别这么快下结论，我们用上一篇中使用过
的锅和玻璃瓶继续做实验。

　　往玻璃瓶里装一些水，但不要装满。用锅加
热玻璃瓶，等瓶里的水沸腾后，戴上隔热手套塞

上瓶塞。然后，倒置玻璃瓶，等待瓶里的水停止沸腾。

准备另外一杯沸水，当玻璃瓶里的水不再沸腾时，把杯子里的沸水浇在玻璃瓶的底部，瓶里的水不会沸腾。但当你用冷水去浇玻璃瓶的底部时，瓶里的水又开始沸腾了！有机会的话，你可以放一把雪试试！

为什么冷水可以让水再次沸腾呢？这是因为气体的压强会影响液体的沸点。当冷水浇在玻璃瓶底时，瓶里的水蒸气迅速遇冷变成了小水滴，使得瓶里气体的压强降低，水的沸点随之降低。一旦水温大于沸点，水就会再次沸腾起来，只是现在瓶里的水温一定没有100℃。

　　这个实验有两个需要注意的地方：第一，从锅里拿出玻璃瓶时，注意不要烫到手；第二，用圆底烧瓶来做实验更安全，是因为往瓶底浇冷水时，瓶里气体的压强可能会瞬间变得很低，外界的气压有可能把瓶子压碎。如果使用圆底烧瓶或圆形的玻璃瓶，瓶子外的气压就会作用在拱形的瓶底上，瓶子就不会轻易被压碎。

# 沸水的温度
## 都一样吗

在法国科幻作家儒勒·凡尔纳的长篇小说《太阳系历险记》中，主人公之一本-佐夫曾经非常

肯定地说，无论何时何地沸水必然都一样烫。但在某颗彗星上，他把水倒进锅里，不到 2 分钟，水竟然就开了。

水 66℃ 就沸腾了，这说明本-佐夫所处的地方是距离地球 11 000 米的高空，这是平流层的高度，空气非常稀薄，连呼吸几乎都不可能做到——飞行员如果上升到这个高度还不戴氧气面罩，就会因为缺氧而昏迷。不过，本-佐夫身处一颗虚构的彗星上，这里什么情况都有可能发生。如果本-佐夫去的是火星，他们烧开水的温度恐怕更低，可能只要水温达到 45℃，水就开了。

当气压降低时，水的沸点会随之降低；当气压升高时，沸点也会随之升高。矿井深处的气压比地面的高得多，在深 300 米的矿井里，水的沸点是 101℃；在深 600 米的矿井里，水的沸点就变成 102℃。

烧开水就是将冷水加热到有大量气泡冒出，而"水开了"这一生活用语在物理学中叫作"沸腾"，水只有达到特定的温度才会沸腾，这个温度叫作"水的沸点"。在标准大气压下（约 $1.01 \times 10^5$ 帕斯卡），水的沸点是 100℃，继续加热，水会保持沸腾状态，但水的温度不会改变。

# 利用温度计测高度

我们知道气压对液体的沸点是有影响的。随着海拔的升高，空气越来越稀薄，气压会逐渐降低，液体的沸点也会随之降低。根据这个原理，我们可以用温度计来粗略地测出自己所在的高度。

| 沸点（℃） | 气压（Pa） |
|:---:|:---:|
| 101 | 104 985 |
| 100 | 101 293 |
| 98 | 94 229 |
| 96 | 87 632 |
| 94 | 81 434 |
| 92 | 75 570 |
| 90 | 70 039 |
| 88 | 64 907 |
| 86 | 59 976 |

在山上将水煮沸，用温度计测量出沸水的温度，即水的沸点。根据水的沸点，我们可以确定当前位置的气压。海平面的气压大约为101 300Pa（气压单位，帕斯卡），在海拔3 000米以下的地区，每升高10米，气压就会减小约100Pa。所以，我们知道当前位置的气压之后，就可以粗略地计算出当前位置的高度了。

假设我们在山上某处测得沸水温度为96℃，可知当地气压大约是87 632Pa，运算如下：

$$（101\,300 - 87\,632）÷ 100 × 10 ≈ 1\,367（米）$$

这样我们就能粗略地估算出当地的海拔高度大约是1 367米。

　　高山上煮不熟鸡蛋，是因为高山海拔高，气压低，导致水的沸点低。中国有些边防哨所海拔超过5000米，水的沸点不到70℃，那里的战士们要想煮熟鸡蛋或面条，就必须用压力锅。

# 冰柱是怎样形成的

北方的冬天天气寒冷，屋檐上经常会形成冰柱，你知道这些冰柱是怎样形成的吗？

我们知道，当气温在 0℃ 以上时，冰雪会融化成水；而当气温降到了 0℃ 以下，水会凝固成冰。在晴朗的冬日，阳光照在屋顶上，积雪开始慢慢融化，融化后的雪水会顺着屋顶向下流，一直流到屋檐。此时如果温度在 0℃ 以下，雪水就会再次凝固成冰；新融化的雪水受到重力继续往下滴，沿着已经凝固的冰慢慢滑落，如果此时温度又在 0℃ 以下，雪水就会一层一层地凝固，形成冰柱。

冰柱的形成需要同时满足两个条件，即屋顶的温度要在 0℃ 以上，而屋檐下方的温度要低于

0℃。一方面，如果室内的温度较高，热空气上升，就有可能导致屋顶温度升至 0℃以上、积雪消融；另一方面，阳光提供的热量与阳光和被照射面之

间的夹角有关，夹角越大，被照射面吸收到的热量就越多。在朝着太阳那面的屋顶上，阳光并不是斜着照上去的，而是直射这一侧屋顶，阳光与屋顶几乎成直角，所以屋顶吸收的热量较多。而阳光和屋檐下方形成的夹角较小，因此屋檐下方的温度比较低，在0℃以下，所以雪水一滴滴流下来的时候就会凝固成冰，先形成一个个小冰球；随着时间的推移，越来越多的雪水凝固在小冰球上，冰柱就形成了，并挂在屋檐下面。

明白了冰柱形成的原理，我们还可以了解很多其他自然现象。例如，不同的气候带和四季的温度变化就是由于阳光照射的角度和太阳照射的时间不同。当地球围绕太阳公转时会形成一个轨道面，地轴相对于轨道面是倾斜的。因此，阳光照射到热带的角度几乎是90°，而照到两极的角度

几乎为 0。而且，阳光照射热带地区的时间长，所以热带地区的温度比较高，两极地区受到阳光照射的时间短，温度就会比较低。

## 物理老师这样说

　　我们常说的"冰雪融化"的"融化"指冰雪由于温度升高或太阳照射而变成水。在物理学中还有一个"熔化"，这个"熔化"指的是固体变成液体的过程，不仅包括冰雪变成水，还包括铁块变成铁水，铜块变成铜水等。此外，当温度降低时，水会结冰，铁水会变回铁块，液体变成固体的过程叫作"凝固"。

# 干冰是什么

注意：不要用手直接触碰干冰，如有需要，
可用夹子夹入玻璃杯中进行观察

　　在闷热的夏天，一块冰激凌蛋糕会让人感到
清爽又甜蜜。但你留意过和蛋糕盒放在一起的"小
冰袋"吗？这个写有"干冰"字样的袋子散发着
阵阵寒气，它究竟是什么呢？

其实，干冰就是固态的二氧化碳。在高压条件下，二氧化碳气体会转变成液体，将其迅速冷却后就会变成干冰。顾名思义，干冰不是湿的，因此它不会弄湿周围的东西。干冰更像雪而非冰。

在正常大气压下，干冰是固态的，受热后会立刻变成二氧化碳气体。干冰这一独特的性质让它成为一种很好的冷却剂，在现代工业和日常生活中得到广泛的应用。干冰可以抑制微生物的生长，因此被用来冷藏食物，使食物不易受潮和腐烂。干冰还可以用作灭火剂，只要向正在燃烧的汽油里扔几块干冰，火就能被扑灭。

## 物理老师这样说

物质从气态变成液态的过程叫作"液化"。我们在厨房做饭时看到的"白气"准确地说应该叫"白雾"，它是由热的水蒸气遇冷后变成的小水滴聚集而成的。自然界中的雾、冬天我们呼出的"哈气"都是这样形成的。

# 光滑的冰面

　　当路面结冰时，我们走路不小心的话，就很容易滑倒。我们穿着冰刀鞋滑冰时，会觉得冰面非常光滑。但换了普通鞋子，冰面虽然也是滑的，但没有穿冰刀鞋时那么光滑，这是为什么呢？

普通鞋子的鞋底有花纹，花纹能够增大鞋底与冰面的摩擦力，让人感觉冰面不那么滑。而冰刀鞋的刀刃面积只有几平方毫米，和冰面接触的面积很小。在压力相等的情况下，接触面积越小，压强越大。在这么大的压强下，冰面的熔点会降低，和刀刃接触的冰面会融化，减小刀刃与冰面的摩擦力，我们就会觉得冰面非常光滑，滑冰时也会更省力。

要注意的是，在凹凸不平的冰面上滑冰会更容易打滑，因为这时冰刀鞋的刀刃接触到的冰面面积更小，冰面承受的压强更大，冰融化得更快，冰面自然也就更滑。所以，冰场管理者会定期对冰面进行打磨，确保冰面保持光滑、平整。

你玩过团雪球吗？手用力挤压雪球时，最外层的雪熔点降低，开始融化；一旦松手，刚融化的雪水又会立即冻结，如此反复挤压，原本松散的雪就会形成一个雪球。同样地，滚雪球时，雪球会挤压地面上接触到的雪，使之融化并粘到雪球上，随着雪球不断滚动，新的雪会迅速粘到雪球上并冻结，雪球就越滚越大。

# 不会断的冰块

　　来动手做一个有趣的小实验：先找一块长条状冰块，将冰块的两端分别放在两把椅子或者其他支撑物上；再将一根长约 80 厘米的细铁丝弯成圆环，套在冰块上，在铁环下端系一个 10 千克

左右的重物。我们会发现，在重力的作用下，铁丝会切到冰块里，并慢慢从冰块中切下来，最后脱离冰块。但冰块并没有断成两截，就像根本没有被铁丝穿过一样，这是不是很不可思议？

你知道这个实验的原理是什么吗？就是冰面承受的压强比较大时，冰的熔点会降低。当挂有10千克左右重物的铁丝套在冰块上时，铁丝下方的冰块受到的压强比较大，这个位置的冰块会融化成水。由于冰的温度低于 0℃，融化的水会迅速填补铁丝上方的压痕，因为铁丝上方并没有很大的压强，所以这些水会迅速结冰，这样一直持续下去，铁丝穿过后，铁丝上面的冰块又被重新冻住。

在大自然中，冰是唯一可以用来做这个实验的物质。正因如此，人们可以在冰面上滑冰，在雪地里滑雪。天气寒冷，虽然冰面是硬的，但是当滑冰者的体重压在冰刀上时，冰刀下的冰因受到压力而融化成水，水起到了润滑的作用，使滑冰者可以更省力地滑行。滑冰者所到之处，冰刀接触的冰层就会融化。但是，一旦滑冰者滑走，融化的水又会结成冰。

**物理老师这样说**

　　在两个冰块之间放一些盐，接触盐的冰块表面会因熔点降低而融化，由于冰的温度低于0℃，融化的冰块表面又重新冻结，两个冰块被牢牢地粘在一起了。

# 不用上发条的钟

有一种钟既不需要电力驱动，也不需要人为拧紧发条，就能自动走下去。这种钟的驱动装置的主要部件是两根用特殊合金制成的金属杆（图中的 $Z_1$ 和 $Z_2$）。

我们先看右侧的转轮。抵在齿轮 $X$ 上的金属杆 $Z_1$ 在受热时，会轻微膨胀变长，使齿轮 $X$ 微微转动；但如果金属杆 $Z_1$ 遇冷，就不会对齿轮 $X$ 有任何影响。与之相反，抵在齿轮 $Y$ 上的金属杆 $Z_2$，遇冷时会收缩变短，同时带动齿轮 $Y$ 微微转动；但如果这根金属杆受热，齿轮 $Y$ 不会转动。因此，无论温度升高或降低，都会有一根金属杆膨胀或收缩，带动齿轮转动。这两个齿轮转动的方向一致，都装在转轴 $W_1$ 上。

转轴 $W_1$ 转动，会带动大转轮，大转轮上的汲水斗会将下方水银槽中的水银带到上面的槽中，水银会流向左边的转轮。左边的转轮也装有汲水斗，当汲水斗装满水银后，就会旋转起来，通过转轴 $W_2$ 和传动带带动小轮 $K_2$ 转动，从而拧紧钟的发条。

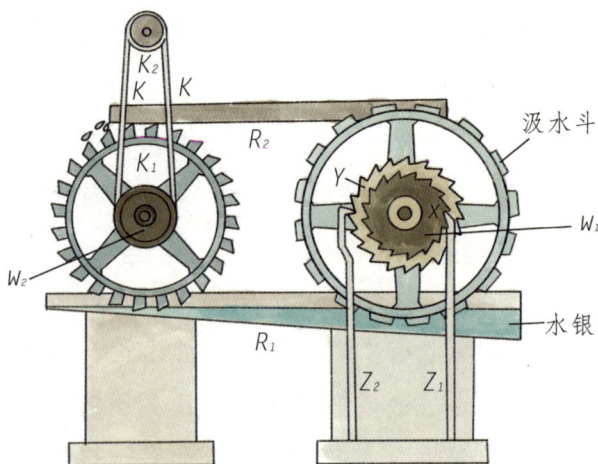

因此，外界温度的任何变化都会引起金属杆的伸长或缩短，不需要我们额外的操作，钟就会随着温度变化自动给自己上发条，不会停下。

**物理老师这样说**

　　有人把这种精巧的机械称为"永动机"，这种说法是不对的。虽然它可以自行运转，在部件磨损之前会一直走下去，但它的动力来源是周围空气的热量，而空气的热量则来自太阳光。

# 声音和听觉

# 声音是如何产生的

在日常生活中，我们会听到各种各样的声音，比如清脆的鸟叫声、悠扬的琴声、同学们的笑声等。这些声音都是如何产生的呢？

你可以做一个简单的实验：准备一个小鼓或者一个盒子，让鼓面或者盒子底部朝上，在上面放一些碎纸屑，然后轻轻敲击鼓面或盒子底部。

你会发现，碎纸屑在"欢快地跳舞"！你可以将手轻轻地放在自己的喉结上，然后发出一声长长的

"啊——"，你能感觉到喉结的振动。如果你家里有吉他或者提琴等弦乐器，你可以观察到乐器发出声音时，琴弦会振动。你如果想让振动现象更明显，可以在琴弦上粘一个小纸条，乐器发出声音时,琴弦就会振动,纸条也会摆动;声音停止时，小纸条停止摆动。这些实验都说明声音是由物体的振动产生的。

我们敲锣，锣会发出声音。用手轻触锣面，我们会感觉到锣面的振动；而当锣面的振动停止时，锣声也会消失。我们吹口琴时，由于气流的冲击，琴内的簧片发生振动，口琴发出声音。我们吹奏竹笛、长笛、小号、单簧管等乐器时，气流通过管道，会使管内的空气柱振动，这些管乐器就会发出声音。你还可以试试将自己的钢尺的一端压在桌边，用手拨动钢尺伸出桌面的一端，使钢尺振动，你也会听到声音。

这些都说明振动使物体发声。如果我们将物体的振动记录下来，需要时再让物体按照记录下来的规律去振动，物体就会发出与原来一样的声音。将早期留声机的唱片表面被放大后，我们会看到一圈圈不规则的沟槽。当唱片转动时，唱针划过沟槽时会振动，这样就可以把记录在唱片里的声音重现出来。

**物理老师这样说**

　　鸟类的发声器官叫作"鸣管"，气流通过时，鸣管内的弹性薄膜因振动而发出声音。爬行类和两栖类的发声器官在喉部，当气流通过时，喉部会振动从而发声。鱼类也能够发声，有的鱼利用鳃板发出声音，有的鱼通过肌肉收缩引起鱼鳔壁振动来发声。

# 声音和无线电波

　　无线电波和光的传播速度几乎一样，比声音的传播速度快几百万倍。假设你坐在音乐厅里听音乐会，你距离钢琴只有10米，而你的朋友正在用无线电收听这场音乐会，他距离音乐厅有100千米，请问，谁先听到音乐呢？

　　我们可以做一个简单的计算：无线电波传送速度是300 000 000米/秒，或者300 000千米/秒，声音在空气中的传播速度是340米/秒，如果钢琴的声音传播到100千米之外，声音通过无线电波传播的时间是1/3 000秒，而通过空气传播需要1/34秒。因此，声音在无线电波中传播所需时间大约是在空气中传播所需时间的1%。看来，虽然用无线电收听音乐会的人距离钢琴很远，但他却先听到了音乐。

　　同样，在 100 米赛跑中，如果发令员在起点处开枪发令，那么在终点处的计时员应该听到枪响后开始计时，还是看到发令枪冒烟后开始计时呢？

**物理老师这样说**

　　如果计时员在听到枪响后才开始计时，说明起点处的枪声已经传播了 100 米，而声音在空气中的传播速度约为 340 米/秒，此时比赛已经进行了 100/340 秒了，这意味着计时员记录的时间会比实际时间短。为了避免这种情况，终点处的计时员会在看到发令枪冒出的烟后开始计时，因为光在空气中的传播速度远远大于声音的传播速度。

# 如果声音的
# 传播速度变慢了

如果声音在空气中的传播速度变慢了，那么我们会更容易受到声音的干扰。

假设现在声音的传播速度不是 340 米 / 秒，而是 340 毫米 / 秒，比人步行的速度慢得多。在这种情况下，你的朋友正在给你讲故事，你坐在椅子上，而他则在屋子里走来走去。在声音的传播速度为 340 米 / 秒时，你的朋友走来走去并不会影响你听故事，但如果声音的传播速度变慢了，你就会听不清他说的话。他不停地在走动，和你之间的距离时远时近，所以他说的话就有可能混在一起，你听到的是乱七八糟的声音，根本听不清具体的内容。

而且如果你的朋友向你走来，你听到的话的顺序可能会与他说的顺序相反：你会先听到他刚刚说的，然后再听到他早些时候说的，最后听到他最早说的。如果你的朋友说的是"欢迎你到我家做客"，你听到的就是"客做家我到你迎欢"，这是因为说话的人行走的速度超过了自己说话声音的传播速度。

**物理老师这样说**

声音在15℃的干燥空气中的传播速度为340米/秒，相当于声音在一秒内绕标准400米跑道跑了将近一圈，这样看，声音的传播速度还是挺快的。但是，如果我们不使用电话，让两个分别在北京和沈阳的人（相距约700千米）用一个传声筒来相互沟通——假设随着距离增大，声音传播的强度不会减弱，那么在北京的人发出声音后大约半个小时，在沈阳的人才能听到这个声音。

# 没有电话的日子

在没有电报、电话及互联网的时代，如果人们想向 650 千米以外的地方传递消息，只用几个小时就已经非常理想了。

据说沙皇保罗一世加冕时，在从莫斯科到圣彼得堡的路上，每隔 200 米就有一个士兵。当位于莫斯科的教堂开始敲第一次钟时，离得最近的士兵朝天开了一枪，下一个士兵听到枪声后紧接着开了一枪，随后第三个士兵开枪——就这样用了 3 小时消息才传到了圣彼得堡。也就是说，在莫斯科第一声钟响的 3 小时之后，距离 650 千米之外的圣彼得堡的礼炮才会被点燃。

然而，如果莫斯科的钟声能够直接传到圣彼

得堡，只需要半个小时就够了。这意味着，在传递声音的这 3 小时中，约有 2.5 小时都耗费在士兵辨别声音和开枪上。尽管每位士兵辨别声音和开枪所用的时间都很短，但所有士兵所用的时间加在一起就有 2.5 小时之多。

## 物理老师这样说

在我国自主研制的 055 型驱逐舰首舰——南昌舰上，仍然保留着传统的舰船通讯工具，即传声筒。既然现代化战舰配备了更先进的通讯方式，为什么还要保留传声筒这种传统的通讯工具呢？因为在战斗过程中，舰艇可能会受到各种各样的攻击，电力系统、动力系统等都有可能受到破坏。因此，最传统的通讯方式可以确保舱室之间不会失联。

# 用声音代替尺子

在雷雨天，一道闪电划过天空，隔一会儿我们才会听到隆隆的雷声，这说明声音需要一段时间才能传到我们的耳朵里。利用这一点，我们可以测量无法接近的物体之间的距离。

儒勒·凡尔纳在小说《地心游记》中也提到了这种测量方法。教授和他的侄子在地下旅行时走散了，后来他们听到了对方的声音，教授想出了一个办法：让侄子在喊教授名字的同时，记住自己手表上秒针所指的位置；教授听到声音后，马上重复一遍，当侄子再次听到声音时，再记住此时秒针所指的位置。将秒针走过的这段时间除以 2，就是声音在他们之间传播的时间。时间正

好是 40 秒，也就是说，声音在教授和侄子之间的传播时间是 20 秒。按照声音在花岗岩中的传播速度为 380 米 / 秒计算，他们两个之间的距离大约是 7 600 米。

这个例子所采用的方法就是利用声音的传播速度来测算距离。如果你学会了这种方法，下面这个问题应该难不倒你。

在 15℃ 的空气中，声音的传播速度是 340 米 / 秒。火车头在开动时会冒出蒸汽并发出汽笛声。如果我们看到火车头冒出蒸汽 2 秒之后才听到火车的汽笛声，那么我们距离火车有多远呢？答案是 680 米。距离等于速度乘以时间，既然我们知道声音的传播速度是 340 米 / 秒，而火车冒出蒸汽 2 秒后我们才听到汽笛声，只要把两个数值相乘，就能计算出我们与火车之间的距离。

**物理老师这样说**

　　有时我们不太容易直接对物体进行测量，需要灵活运用一些别的方法，上面利用回声来计算距离就是一个很好的例子。硬币的直径不太容易测量，我们可以借助两块三角板和一把直尺来配合测量。地图上的铁路线弯弯曲曲的，同样不易量出路线长度，我们可以拿棉线覆盖在铁路线上，注意棉线的走向要跟铁路线的完全贴合，之后把棉线拉直，再对照地图上的比例尺，就可以测量出铁路线的实际长度了。

# 昆虫的嗡嗡声

为什么昆虫飞过时，你会听到嗡嗡声？

从昆虫的身体结构上来说，它们并没有鸟类那样的发声器官。你听到的嗡嗡声是昆虫的翅膀振动时发出的声音。昆虫飞行时翅膀振动的频率非常高，大概每秒几百次。不同的振动频率会产生不同的音调，因此通过分析嗡嗡声的音调，我们可以知道昆虫翅膀的振动频率。当昆虫想调整飞行的角度或方向时，翅膀振动的幅度和角度会变化，但翅膀振动的频率几乎不变。这就是为什么昆虫飞行时发出的声音基本不会变化。

通过测量，人们发现苍蝇飞行时翅膀振动的频率约为 350 次 / 秒。蜜蜂没有采蜜时，它们翅膀振动的频率大约是 440 次 / 秒；当它们携带着蜂蜜飞行时，翅膀振动的频率则降至大约 330 次 / 秒。

　　蚊子飞行时发出的音调比较高，翅膀振动的频率大约 500~600 次 / 秒，而直升机的螺旋桨通常每秒只转 5 圈。通过上述数字的对比，你是不是对昆虫飞行时翅膀振动的频率有更深刻的印象了？

蚊子
500~600 次 / 秒

没有采蜜的蜜蜂
440 次 / 秒

苍蝇
350 次 / 秒

采蜜的蜜蜂
330 次 / 秒

物理老师这样说

　　频率是描述物体振动快慢的物理量。物体振动得越快，它振动的频率就越高；而物体振动的频率越高，它的音调就越高。例如，当歌唱家唱高音时，他的声带振动频率就会比较高，而当他唱低音时，他的声带振动频率就会比较低。

# 听不到的声音

有些人的听觉器官没问题，但就是听不见音调很高的声音，比如蟋蟀发出的尖锐声音或麻雀的叫声。

实际上，我们并不能接收到身边所有的振动信号，不同的人所能听到的最高音调不同。当物体每秒振动的次数低于 20 次或者高于 20 000 次时，大多数人都听不到这些声音。

许多动物都可以用人类听不到的声音进行交流。想象一下这个画面：在干旱炎热的非洲草原上，万籁俱寂，一群迁徙的大象突然停下脚步，一些大象竖起鼻子站在原地，另一些则左顾右盼。过了一会儿，象群继续前进，但是改变了迁徙的方向——一个交流过程悄无声息地完成了。象群是用肢体语言交流吗？并不是，大象可以发出振动频率低于 20 次 / 秒的声音，也就是次声波，来进行交流。

你也许很好奇在夜间觅食的蝙蝠如何"看到"猎物和躲避障碍。其实，蝙蝠可以发出振动频率高于 20 000 次 / 秒的声音，也就是超声波。这些声波碰到昆虫或墙壁时会反射回来，蝙蝠可以根据接收到的回声，精确确定目标的位置。

此外，很多动物的听觉范围也比人类的大，比如狗能听到振动频率在 15~50 000 次 / 秒之间的声音。

　　频率决定声音的音调，频率高则音调高，频率低则音调低。如果一个物体每秒振动 100 次，它的频率就是 100 赫兹（Hz）。赫兹是频率的单位，是用德国物理学家海因里希·鲁道夫·赫兹的名字命名的，他首次证实了电磁波的存在。在物理学中，你会经常遇到用物理学家的名字命名的物理量单位，这是为了纪念这些伟大的物理学家所做出的贡献。

海因里希·鲁道夫·赫兹

# 超声波的应用

人们把频率高于 20 000 赫兹的声音称为超声波。超声波方向性好、穿透力强，在介质中传播能产生巨大的作用力，因此可以用来进行无损检测、加工零部件或者清洗物品等。

人们利用超声波制作出各种各样的设备和仪器。例如，声呐可以把超声波射向江河湖海中，根据声波的变化，人们可以测量水的浓度、黏度、含沙量等，还可以根据收到的回波探测水底地貌，发现鱼群、暗礁、潜艇等。再例如，超声波探伤仪可以把超声波射向金属或者混凝土材料，人们可以测定其硬度，发现材料中的气孔、裂缝等，甚至还可以知道裂缝有多深。

那么，将超声波射向身体，是不是也可以检查身体内的疾病呢？答案是肯定的，医院常用的 B 型超声波诊断仪——简称"B超"，通过向人体发射超声波，接收并处理脏器的反射波携带的信息，让医生可以根据屏幕上显示的图像检查脏器或者胎儿的发育情况等。这种方法简便迅速，不会损伤人体。在医学领域，超声波的应用特别广泛：超声钻可以治疗患牙而不影响周围的软组织，大大减轻了病人的不适；超声手术刀利用超声波振动快速切开肌体组织而不损伤血管，出血更少；将超声波聚焦在人体内的结石处，无须开刀就可以击碎结石，效果非常好。

此外，超声波还可以用于清洗机器、器皿、眼镜等。有种设备叫"超声波清洗机"，它可以产生高频的声波，把清洗液传递到物体表面或内部，让污垢微粒松动、脱离，达到清洗的目的。

**物理老师这样说**

　　人们对于超声波的应用，主要是从两个方面展开的：一是用于获得信息，比如利用声呐探测、超声波探伤仪和 B 超等仪器，可以到达一些难以触及的位置去获得相关信息；二是用于传递能量，比如超声波清洗机、超声钻和超声手术刀等技术和设备，可以让我们在一些不容易到达的地方，运用超声波的能量来清洁物品或切除人体内坏死的部分。

# 神秘的次声波

　　人们把低于 20 赫兹的声音称为次声波。在大自然的许多活动，如火山喷发、地震、台风、海啸、暴风雨、大风、冰雹等发生前或发生时，

人们都会记录到次声波。此外，火箭发射、车辆奔驰、飞机飞行，以及在大风天里摆动的高楼、在海浪里颠簸的船只等都会产生次声波。次声波会使人产生头晕、头痛、呕吐、呼吸困难等症状，有的人还会因此昏迷。

　　次声波传播的最大特点是：没有什么障碍物能阻挡它。普通的房屋、军事掩体，甚至山峦也无法阻止次声波前进的脚步。次声波在传播过程中很难被介质吸收，损耗的能量比较少，因此可以传播得很远。当地震、台风、核爆炸发生时，即使在几千千米以外，灵敏的声学仪器也能接收到它们产生的次声波。通过处理这些次声波的信息，人们可以确定这些活动发生的方位和强度。

次声波不仅可以用来预测火山喷发、地震等自然灾害，还有很多特殊用途，比如帮助医生更好地为病人诊断病情。

# 听觉奇事

　　你是否注意到这个现象：你吃饼干时，常常会听到自己咀嚼发出的声音，而且声音很大，但你旁边的人却好像听不见这么大的声音。

　　这是因为声音在传播过程中会慢慢衰减。声音在气体中传播时衰减程度最大，而在固体中传播时，衰减程度最小。当我们吃饼干时，声音通过头骨、颌骨传到听觉神经，衰减程度很小，声音听起来就会很大；而声音通过空气传到旁人耳

朵时，衰减程度较大，旁人听到的声音也就比较小。声音通过头骨、颌骨传到听觉神经从而使人感知到声音，科学中把这种声音的传导方式叫作"骨传导"。

据说，德国钢琴家贝多芬耳聋后，就是通过一根硬棒来"听"自己演奏的。他用牙齿咬住硬棒的一端，再将另一端放在钢琴上面，以此来感受琴键的振动。有些听觉神经没有损坏的听障人士可以通过地板传来的振动感知音乐的节奏，随着音乐翩翩起舞。

物理老师这样说

很久以前，人们就已经知道土地是声音的良导体。2000 多年前，墨子就在《墨经》中谈到土地传声：在坑中放一个大腹小口的坛子，听觉灵敏的人伏在坛口上听，就可以判断出敌人在什么方位挖地道。

# 击鼓传信

　　在非洲、中美洲和太平洋的波利尼西亚群岛，一些原住民会使用一种特殊的鼓将声音传播到很远的地方。当一个地方收到信息后，他们会再用鼓将信息继续传递下去。通过这种方式，分散在不同地方的原住民就可以彼此沟通。

　　在尼日利亚的一家博物馆里，保留着一位考古学家的记录：有一天，他听到鼓声彻夜鸣响。到了早上，他听到几个黑人正在激烈地讨论着什么，一位军官告诉他：有消息传来，白人的一艘战舰沉了，船上很多白人都死了。

这个消息就是通过"鼓的语言"从海边的部落传过来的。

当时，这位考古学家并没有相信。但三天后，他收到了一封电报，说的就是这艘战舰沉没的消息。这时他才意识到鼓声传递的消息是准确的。令人惊讶的是，当地很多部落之间的语言并不相同。

## 物理老师这样说

中国古代军队击鼓是有特定意义的，一般来说，"闻鼓声而进，闻金声而退"。由于古代军队通讯水平较低，指挥员主要利用旗帜和声音指挥军队作战。牛皮大鼓鼓声整齐沉重，传播距离远，所以被选为发起冲锋的信号。而我们常说的"鸣金收兵"，是军队听到敲锣声后，就要撤退和收兵。

# 海底传来的回声

声音可以用来测量物体间的距离。既然如此，我们能否利用声音来测量海洋的深度呢？当然可以！

在一艘船的舱底放置一个火药包，火药包燃烧时会发出巨大的声音，声音在水中传播，到达海底，经过反射后传回船上，船上的精密仪器会接收这个声波。计时器能准确记录从发出声波到接收回声的时间。声音在海洋中传播的速度约为1500米/秒，因此可以计算出海洋的深度。

船上用来测量海洋深度的装置叫"回声测深仪"。以前，人们使用测深锤来测量海洋深度，这种设备只能在船静止不动的时候使用，测深锤

的绳子要从测深台上往下放，下放速度非常慢，如果测量的深度是 3 千米，大概需要 45 分钟才能完成测量，比较费时。回声测深仪出现后，完成同样深度的测量工作只需要几秒钟，船只也不需要静止，在航行中也可以进行测量。更重要的是，回声测深仪的测量误差很小，比测深锤精确多了，测量深海也非常方便。在浅海中，人们也用回声测深仪来保证航行安全，避开危险的地方，防止触礁等事故。

随着测量技术的不断发展，人们又发明了声呐，它的全称是"声音导航与测距"，声呐是其英文缩写的音译。声呐利用声波在水中传播和反射的特性来进行探测任务和短距离通讯。声呐因价格低廉、节能、测距准确等优点，在机器人、无人驾驶汽车等领域得到广泛的应用。

　　利用回声来探测并非人类发明的专利，很多动物也有类似的绝技。例如，蝙蝠在飞行时会发出超声波，当超声波碰到昆虫或墙壁时会反射回来，蝙蝠就可以根据回声的方位和时间，确定目标的位置，进行捕食或躲避障碍。

# 怎样寻找回声

在爬山的过程中，你如果对着山那边大声喊叫，你可能会听见群山对你的回应，这就是回声。地球上的很多地方都存在回声。有的地方还因为回声而举世闻名，成了旅游胜地。在英国的伍德思托克，据说回声可以重复 17 次。在捷克斯洛伐克一个叫亚德尔思巴哈的地方，这里有一块断裂的岩石，如果你站在特定的位置上说话，这里的回声可以让 7 个音节重复 3 次，但如果位置偏离一点儿，这种现象就不会出现了，哪怕是步枪射击发出的声音也没有回声。在意大利米兰附近，曾经有一座城堡能够产生更多次的回声，据记载，那里可以产生 40～50 次回声，最少也能产生 30 多次回声。

中国人很早就懂得运用声音的反射原理。建于明代的著名建筑——北京天坛的回音壁、三音石和圜丘，就具有奇妙的声学现象。回音壁是一个圆形的围墙，高约 6 米，半径 32.5 米，整个围墙很光滑，是一个很好的声音反射体。只要有人对着墙壁说话，即使声音很轻，由于声波沿着围墙内壁多次反射，站在围墙各个位置上的人都能听得清清楚楚。三音石处于围墙的圆心上。站在三音石上击掌，击掌声就被围墙反射回来产生第一次回声和第二次回声，人们就可以听到啪、啪、啪三次击掌声。如果击掌声更大一点儿，人们有可能听到五六次回声。圜丘是一个由汉白玉砌成的三层圆形平台，每层周边都有汉白玉栏杆环绕。第三层平台高出地面约 5 米，半径约 11.5 米，第三层中心是一块圆形大理石，俗称"天心石"或"太极石"。站在天心石上击掌或讲话，回声会和原声重叠，声音会变得非常响亮。

在凹凸不平的地面上寻找回声是需要技巧的。即便你找到了最有可能产生回声的位置，也

天坛的回音壁

不一定能"召唤"出回声来。需要注意的是，不能距离障碍物太近，必须留出足够远的距离给声音进行传播，否则即使有回声，我们也分辨不出来，因为它和原来的声音的间隔时间太短了。我们知道，声音的传播速度是 340 米／秒，所以，如果我们站在距离障碍物85米的地方发出声音，那么，如果有回声，我们就会在半秒之后听到它。

其实，回声并不神秘，它就是声音在传播出去后遇到障碍物被反射回来的声音。但是，回声的种类多样，并非所有的回声都很清楚。如果产生回声的原声比较尖锐且断断续续，那么回声就会比较清楚。击掌就是产生清晰回声的好方法。但是，人说话产生的回声一般都不太清楚，并且成年男性的声音产生的回声比成年女性或孩子的更模糊。

## 物理老师这样说

俄罗斯诗人涅克拉索夫曾说："谁也没有见过它的样子，但是，我们都听见过它，它没有形体，但却有生命，它没有舌头，但却会呐喊。"他说的就是回声。中国有四大回音建筑，除了北京天坛的回音壁，还有山西永济市的莺莺塔、河南省三门峡市的宝轮寺塔和重庆市潼南区的石琴，有机会你可以亲身体验一下回声的奥秘。

# 剧院大厅里的声音

经常光顾电影院、剧院等场所的观众肯定都知道，不同大厅的音响效果有好有差：在音响效果好的大厅里，即使座席离舞台很远，观众也能

清楚地听到表演者的对话、乐器的演奏；但在音响效果差的大厅里，就算观众坐在前排，听到的声音也模糊不清。

其实在建筑物里，声音从声源发出后，会进行很多次的反射。在这过程中，可能会有别的声音混进来，让人们很难辨别声音的来源。在这种条件下，讲话的人必须压低嗓音，吐字清晰，才能让观众听清楚；但很多时候，讲话的人会下意识地提高嗓音，观众反而听不清楚了。

在建筑学还不那么发达的时候，要想建造一座没有回声干扰的剧院，只能靠运气。现在人们已经找到很多可以消除回声干扰的方法，比如修造能够吸收多余声音的墙壁。这种墙壁上有很多小孔，声音进入小孔后会被吸收，不再反射出来，干扰就少了很多。

现代剧院会采用带有吸声结构的墙面来吸收多余的声音。常见的吸声结构有三种：第一种是多孔吸声，采用玻璃棉、木丝板等多孔材料吸声；第二种是利用薄板的共振吸收声音；第三种是用一些孔径小于 1 毫米的微穿孔板或混凝土块构成共振腔，声音进入腔内，会经过多次反射，最终被吸收和消耗掉。

# 蝈蝈到底在哪里

有时我们听到了声音，却说不清声音是从哪里传来的。这时候，我们只能根据声音的强弱来判断它的远近。

你可以试试将你的朋友的眼睛蒙起来，让他坐在房间的正中间，保持不动。然后，在他的正前方或者正后方，用两个硬币相互敲击，让他猜猜声音来自哪里，他可能总是回答不正确。但是，如果声音在他的侧面，他就能判断得比较准确。这是因为在他的侧面敲击硬币时，距离声音较近的耳朵会先听到声音，并且声音比另一只耳朵听到的更大，他可以由此判断声音来自左边还是右边。

通过刚才的实验，你就能理解为什么在草丛

中很难找到正在鸣叫的蝈蝈了。当你觉得蝈蝈的叫声是从右边传来的，离你只有两三步远，但到了那里却什么也没找到，声音仿佛又转到了左边；你向左转头，又觉得叫声似乎从右边传来……无论你怎么寻找声音的来源，你都找不到这位"音乐家"藏在哪里。实际上，蝈蝈并没有跳来跳去，它一直在同一个地方，是你的耳朵欺骗了你。当蝈蝈正好在你的正前方或者正后方时，你会很难判断声音的来源，也就是说，蝈蝈明明在你的正前方，你却认为它在你的正后方。

如果你想知道蝈蝈或者布谷鸟的声音是从哪里传来的，一定不能正对着声音，而是应该将头转向一侧，用一侧的耳朵去搜寻音源，也就是我们经常说的"侧耳倾听"。

**物理老师这样说**

人的两只耳朵分布在头脑两侧，相距大约 20 cm。声源发出的声波，传播到两只耳朵的时间和强度有所差别，我们才能够对声源进行准确定位——这就是"声源定位"。人们利用声源定位的方法来检测机械或设备是否故障、气体是否发生泄漏等。

## 词汇表

**温度**
描述物体冷热程度的物理量。

**汽化**
物质从液态变为气态的过程。

**液化**
物质从气态变为液态的过程。

**蒸发**
在任何温度下都能发生的、在液体表面的缓慢的汽化现象。

**沸腾**
当液体达到沸点时，发生在液体内部和表面的剧烈的汽化现象。

**沸点**
液体沸腾时的温度。

**热量**
在热传递过程中，传递能量的物理量。

**熔化**
物质从固态变成液态的过程。

**凝固**
物质从液态变成固态的过程。

**频率**
每秒物体振动的次数，用来描述物体振动的快慢。

**振幅**
物体振动的幅度。

**音调**
声音的高低，由物体振动的频率决定。频率越大，音调就越高。

**响度**
声音的大小，由物体振动的幅度决定。振幅越大，响度就越大。

**音色**
声音的特点，由发声体的材料、结构决定。

# 物理老师这样说
## 那样的力

[俄罗斯] 雅科夫·伊西达洛维奇·别莱利曼 著

马文睿 编译　王婧瑜 绘

北京科学技术出版社

100层童书馆

**注意：** 请确保在安全环境及成人监督下进行书中所述物理实验。切勿尝试任何超出自己理解或能力的实验，以避免潜在的危险。

**图书在版编目（CIP）数据**

物理老师这样说. 那样的力 /（俄罗斯）雅科夫·伊西达洛维奇·别莱利曼著；马文睿编译；王婧瑜绘. ——北京：北京科学技术出版社，2024.4

ISBN 978-7-5714-3266-9

Ⅰ. ①物… Ⅱ. ①雅… ②马… ③王… Ⅲ. ①中学物理课－初中－教学参考资料 Ⅳ. ① G634.73

中国国家版本馆 CIP 数据核字 (2023) 第 192793 号

| | |
|---|---|
| **策划编辑：** | 谭振健 |
| **责任编辑：** | 郑宇芳 |
| **封面设计：** | 刘邵玲 |
| **图文制作：** | 雷　雷 |
| **责任校对：** | 贾　荣 |
| **营销编辑：** | 赵倩倩 |
| **责任印制：** | 吕　越 |
| **出 版 人：** | 曾庆宇 |
| **出版发行：** | 北京科学技术出版社 |
| **社　　址：** | 北京西直门南大街 16 号 |
| **邮政编码：** | 100035 |
| **电话传真：** | 0086-10-66135495（总编室） |
| | 0086-10-66113227（发行部） |
| **电子信箱：** | bjkj@bjkjpress.com |
| **网　　址：** | www.bkydw.cn |
| **印　　刷：** | 天津联城印刷有限公司 |
| **开　　本：** | 787 mm × 1092 mm　1/32 |
| **字　　数：** | 70 千字 |
| **印　　张：** | 4 |
| **版　　次：** | 2024 年 4 月第 1 版 |
| **印　　次：** | 2024 年 4 月第 1 次印刷 |

**ISBN** 978-7-5714-3266-9

**定　价：** 200.00 元（全 5 册）

作为一名中学物理老师，我被问到最多的问题就是："怎样才能学好物理？"其实，物理源于生活，想要学好物理，就要先学会做生活的有心人。这意味着你需要善于观察，乐于实践，勤于思考，并学会将理论知识与实际生活联系起来。

比如，你在冬天看到水结成了冰时，思考过这是为什么吗？结冰需要什么条件？如何制作冰块？我们可以用冰来做些什么？如果你能经常这样思考，相信一段时间之后，你会对这个世界有更深的理解。

在我读初中的时候，别莱利曼的书是我最喜欢的科学启蒙读物。书中内容丰富，尽管有许多复杂的公式和计算，有些甚至达到高中和大学知识的难度，但别莱利曼独特的叙述方式依然激发了我对物理的浓厚兴趣。

《物理老师这样说》里的文章是从别莱利曼原著中精心挑选和整理出来的，并按照初中物理教材的顺序进行了分类。即便你刚接触物理，也能够真实感受到：物理不仅是充满趣味的，而且与生活息息相关。通过阅读和观察，你可以思考生活中的物理现象，为未来的物理学习打下坚实的基础。

总之，学好物理的关键，是要带着探索的心态去理解这个世界，是要有一双善于发现的眼睛。只要保持好奇心和求知欲，你就会发现物理的魅力所在。

欢迎进入神奇的物理世界！

马文睿

# 目录

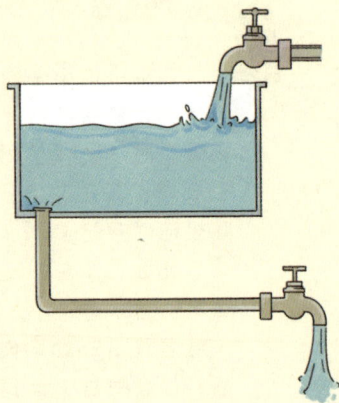

# 压力与压强

# 在泥泞的
# 土地上前行

　　拖拉机很重，但它能在泥泞的土地上平稳行驶。相比之下，人和马虽然相对较轻，但在泥泞的土地上行走时，却很容易陷进去。为什么人和马容易陷进泥里，而拖拉机却不会呢？

　　要想解答这个问题，我们首先要了解一个重要的物理概念——压强。压强是指物体单位面积上所受的压力。单位面积上所受的压力越大，物体就越容易"陷进去"。虽然拖拉机很重，但是其履带与地面的接触面积比人和马的脚掌与地面的接触面积要大得多。因此，履带单位面积上所受的压力比人和马的脚掌上单位面积所受的压力小得多——拖拉机履带每平方厘米的接触面积所受的压力大概只有几牛顿（大约是托起几个鸡蛋的力），而人和马的脚掌每平方厘米的接触面积所受的压力超过了 10 牛顿（大约是托起 20 多个鸡蛋的力）。所以，人和马的脚掌很容易陷进泥里，而拖拉机却不会。

因此，为了使马能够在松软泥泞的土地上较为顺畅地前行，人们通常会给马蹄套上宽大的马蹄铁，增大马蹄和土地之间的受力面积，这样马就不会那么容易陷进泥里了。

如果有一天，我们不得不走过一条结冰的河，但河面的冰层又不够厚（冰的厚度超过 4 厘米，就可以承受一个人的重量），这时该怎么办呢？经验丰富的人会选择在冰上爬行。虽然人的体重并不会因此变轻，但是由于受力面积增大了，单位面积上所受到的压力就会减小，也就是压强变小，所以在冰面上爬行比直立行走更安全。有的人还会找一块宽大的木板，趴在上面滑过冰面。

　　增大压力或减小受力面积可以增大压强，减小压力或增大受力面积可以减小压强，枕木利用的就是这一原理。铁轨下方一条条与铁轨垂直的木条就是枕木。枕木的作用之一是增大铁轨与地面之间的受力面积，从而减小铁轨对地面的压强，让很重的火车行驶时不至于将铁轨压入地面，造成事故。

# 为什么尖锐的物体
# 更容易刺入

　　为什么尖锐的物体可以轻松地刺入质地较软的物体？为什么用相同的力气，大头针能够轻松穿透一块绒布或者纸板，但是木棒却很难做到？

　　虽然用的力一样大，但是大头针和木棒产生的压强却不同。在使用大头针时，全部力都集中在针

尖上；而在使用木棒时，同样的力却分布在面积更大的木棒末端。因此，在作用力相同的条件下，针尖产生的压强远远大于木棒末端产生的压强。

因此，当我们说到压强时，要注意两个因素：一个是压力的大小，另一个是受力面积。同样的力作用在不同的面积上，产生的压强大小是不一样的。尖锐的物体之所以更容易刺进质地较软的物体，是因为力集中到了很小的面积上。同样的道理，锋利的刀子比钝刀子更容易把东西切开，也是因为受力面积减小。由此可知，正是由于作用力集中于很小的面积上，尖锐的物体才更容易刺入。

物理老师这样说

在生产生活中，人们利用压强的知识解决了很多实际问题，比如刀钝了需要磨一磨，注射器的针头要做得尖一些，公交车上备有尖头的破窗锤等。

# 压力与压强的关系

　　压力和压强是两个常见的物理概念，但很多人容易将它们混淆。压力指的是物体所受的与表面垂直的作用力，而压强指的是物体单位面积上所受的压力。下面我们来举一个例子，从中你就

可以看出压力和压强的区别，并且学会计算一个物体对支撑物产生压力时的压强。

耙子是一种用来碎土或平地的农具。现在地里有两把重量都是 2 千克的耙子，但它们的耙齿数不一样，一把有 3 个耙齿，另一把有 9 个。那么，施力相同时，哪把耙子会耙得更深一些呢？

假设两把耙子给地面施加的压力都是 20 牛顿，那么第一把耙子给地面的总压力会分摊在 3 个耙齿上，所以每个耙齿给地面的压力等于 20/3 牛顿；第二把耙子给地面的总压力会分摊在 9 个耙齿上，每个耙齿给地面的压力等于 20/9 牛顿。所以，第一把耙子每个耙齿给地面的压力更大，自然耙得要比第二把深一些。

压强表示物体单位面积上所受的压力，要是写成计算公式，就是压强 = 压力 / 受力面积。如果 60 牛顿的压力作用在 3 平方米的面积上，每平方米面积上所承受的压力就是 20 牛顿，那么压强大小就等于 20 牛顿 / 平方米，也可以写作 20 帕斯卡。

　　文中提到的每平方米，也就是 1 平方米，可以称之为"单位面积"，它和面积单位有所不同。常见的面积单位有平方米、平方厘米、平方毫米等，而单位面积指的是 1 平方米、1 平方厘米或者 1 平方毫米等。

# 如何包装易碎物品

　　我们在运输易碎物品的时候，通常会在物品周围放置一些泡沫塑料、充气塑料袋、刨花或者纸条等，这样可以防止物品在运输途中碎裂。那么，这些材料是如何起到保护作用的呢？

　　这些材料的第一个作用是增加易碎物品之间

互相接触的面积。比如，物品棱角尖锐，那么在物品之间放置衬垫材料，就可以把点或线的接触变成面的接触，从而使作用力分布在较大的面积上，减小压强。

此外，衬垫材料还可以增大物品在震动时受到的摩擦力。比如，一个箱子里面只装着杯盘，没有衬垫材料，在受到震动后，箱子里的物品可能会发生幅度比较大的位移，容易碎裂。而放置了衬垫材料后，衬垫材料会"温柔"地挤压物品，使摩擦力增大，阻止物品发生幅度比较大的位移。

另外，衬垫材料还可以使物体接触的时间变长，减小作用力，从而保护易碎物品，这也就是我们熟悉的缓冲。如果没有衬垫材料，物品碰撞时的接触时间会非常短，产生的作用力就会变大。比如玻璃、鸡蛋等物品，哪怕受到的力不是很大，也可能会碎掉。在易碎物品周围放置衬垫材料，可以将力的作用时间延长几十倍，同时将作用力的大小减小到原来的几十分之一。

我们从高处向下跳，落地时屈双腿就是在增加力的作用时间，达到减小作用在我们腿上的力的目的，起到缓冲的作用。汽车的悬挂系统、自行车车座底部的弹簧等，都是用来缓冲的减震装置。

18

# 液体可以产生
# 向上的压力

　　在容器里倒入液体，液体就会对容器的侧壁和底部产生压力。如果你想用实验验证，可以在塑料瓶的底部和侧壁分别扎一个孔，然后观察水从孔中喷出的现象。另外，你知道液体也会产生向上的压力吗？下面我们就用一个简单的实验来验证一下。

　　如图所示，我们需要准备一个两端开口的玻璃器皿（比如煤油灯的灯罩）、一块比任意一端器皿口稍大的圆形纸板和一根细绳。将圆形纸板盖在略小的玻璃器皿口上，然后让细绳穿过纸板中心。用手拽住细绳，让玻璃器皿倒转过来，将其慢慢地放入烧杯里的水中。当玻璃器皿达到一定的深度时，松开细绳，你会发现圆形纸板并没有掉落。这说明纸板受到了向上的压力，所以才紧贴在器皿口上。

我们还可以用一个方法计算出水对纸板产生的向上的压力有多大——小心地向玻璃器皿里倒水，当器皿内外的水面齐平时，纸板就会掉下去。这时，纸板受到的向上的压力等于玻璃器皿中的水对纸板向下的压力。我们知道，压强＝压力／受力面积，所以，液体不仅可以产生向上的压力，也可以产生向上的压强。

证明液体可以产生
向上压力的实验

　　通过实验，我们还可以证明浸入液体的物体受到液体压强的大小跟盛装液体的容器的形状无关，只跟这个物体所处的深度有关。我们可以用形状不同但口径相同的玻璃器皿重复刚才的实验步骤。实验中你会发现，不管玻璃器皿的形状如何，只要纸板所处的深度相同，器皿里的水对它的压强就都相等。此外，液体内部的压强除了与物体所处的深度有关，还和液体的密度有关。

# "水槽问题"的真相

"水槽问题"是一类经典的数学题，你可能也遇到过。如图所示，一个水槽底部装有一根带水龙头的水管，水槽上方装有一个水龙头，打开水槽上方这根水管的水龙头，灌满空水槽需要 5 个小时；打开底部水管的水龙头，放空水槽里的水需要 10 个小时；如果同时打开两个水龙头，那么灌满空水槽需要多少小时？

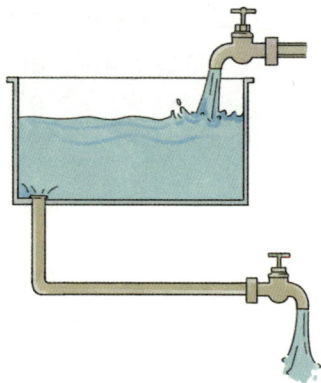

古希腊数学家希罗提出过一个类似的问题：一个水池里有 4 个喷泉，第一个喷泉灌满水池需要一昼夜的时间，第二个喷泉需要两天两夜，第三个喷泉需要的时间是第一个喷泉的 1/3，最后一个喷泉则需要 4 个星期才能灌满水池。如果 4 个喷泉同时工作，需要多长时间能把水池灌满？

以第一个水槽问题为例，一般的解答方法是这样的：第一根水管在 1 个小时内能灌 1/5 水槽的水，同时 1/10 水槽的水又会被第二根水管放走。也就是说，两根水管的龙头同时打开，每小时水槽里只能保存 1/10 的水。所以，10 个小时才能被灌满。

2 000 多年来，人们一直都从数学的角度解答"水槽问题"，却很少考虑其中物理量的变化。如果从物理学的角度考虑，由于水槽里的水在不断进出，压力会随之发生变化，出水速度是不可能一直恒定的。因此，我们不能确定每小时都有 1/10 的水流出。

## 物理老师这样说

在数学层面上，我们完全可以认定"水管放完水需要 10 个小时，每小时都有 1/10 的水流出"，因为这样并不妨碍我们解决数学问题。但物理是一门自然学科，其研究内容和需要解决的问题均来源于自然界中的现象，非常复杂，不是简单套用公式就可以解决的。我们解决物理问题的时候，经常要简化复杂的条件，抓住最重要的部分，这样才能得出结论。

# 深海的水密度
# 会比铁大吗

　　位于海平面下方 10 米处的物体所承受的压强大约是 100 000 帕斯卡，这意味着物体每平方厘米所承受的水压约为 10 牛顿。水下 100 米深处物体每平方厘米承受的压力是 100 牛顿，而 1000 米深处物体每平方厘米承受的压力达到了 1000 牛顿，约等于 100 千克物体施加的重压了！有些海洋的深度可以达到几千米，甚至更深。比如，位于马里亚纳群岛附近的深海区，水深超过 11 千米。我们可以计算一下在那样的深水环境下，物体所承受的压力有多大。

　　著名的海洋学家约翰·莫里在他的著作《海

洋》一书中曾记录了这样一个实验：取 3 根粗细不同的玻璃管，将它们的两头都烧熔，使其封闭；然后用帆布裹住它们，再把它们放进一个表面有孔的铜制圆筒里；最后将圆筒放到大约 5 千米深的水下。捞出圆筒后，里面的玻璃管都变成了碎玻璃。这无疑证明了深水具有巨大的压力。

前面我们提到，液体内部的压强和液体深度有关——深度越深，压强越大。那么，地球上最深的马里亚纳海沟（深约 11 千米）中的压强一定非常大，水在那种条件下会不会被压得非常密实，甚至密度比铁还大呢？

其实，水和其他液体一样，很难被压缩。当 10 牛顿的压力作用在 1 平方厘米的水面上时，水的体积只能缩小 1/22 000。即使这种压力继续增加，水的体积的缩小幅度也不会有多大。如果我们希望将水的密度变为原来的 2 倍，也就是说将水的体积缩小一半，就得在 1 平方厘米的水面上施加高达 110 000 牛顿的压力（我们姑且假设在这样的压力下，水的压缩率仍是那么大）。而

1平方厘米的自然水面上要产生如此巨大的压力，只有在海平面下 110 千米处才能实现。铁的密度是水的 8 倍左右，因此即便在马里亚纳海沟那么深的地方，水的密度也不会比铁大。

## 物理老师这样说

　　细心的同学可能会根据文中的信息做这样的计算：由于"位于海平面下方 10 米处的物体每平方厘米所承受的水压约为 10 牛顿"，因此 11 000 米深的海水中，物体每平方厘米承受的压力会达到 11 000 牛顿。

　　又因为"当 10 牛顿的压力作用在 1 平方厘米的水面上时，水的体积只能缩小 1/22 000"，而 11 000 米深的海水中，物体每平方厘米承受的压力会达到 11 000 牛顿，所以那里水的体积会缩小 1 100 / 22 000，因此密度会增加 1 100 / 22 000 倍，也就是增加正常密度的 1/20。

# 关于两只茶壶的问题

如果有两只下图中这样的茶壶，它们的形状和直径相同，但壶身高度不同，你能确定哪一只茶壶的容量更大吗？

你也许会不假思索地回答："高的茶壶肯定能盛更多水！"然而，实际情况并非如此。你也

许已经注意到了，图中这两只茶壶的壶嘴高度是相同的。当我们向茶壶中倒水时，水平面只能与壶嘴齐平，再继续倒水的话，水就会从壶嘴溢出去。所以结论是：两只茶壶的容量是一样的。如果你家里有类似的茶壶，现在就可以去试试看！

我们将底部彼此连通的容器叫作连通器。连通器的神奇之处在于，如果你向连通器中倒入同一种液体，当液体静止后，其液面高度是相同的。茶壶其实就是一个连通器，因为壶嘴和壶体可以看作底部连通的容器，所以它们内部的液面会保持在同一个高度。只要壶嘴的高度比壶口低，你就无论如何都不可能把茶壶装满，因为液体会顺着壶嘴流出去。因此，生活中的水壶的壶嘴都要比壶口高一些，防止液体溢出。

　　大家有没有留意过学校走廊里的开水机？那上面是不是有一个像图中箭头所指的水位指示器？指示器显示的液面位置就是开水机里的水位。如果水位过低，就要及时添水，防止开水机干烧造成事故。

水位指示器

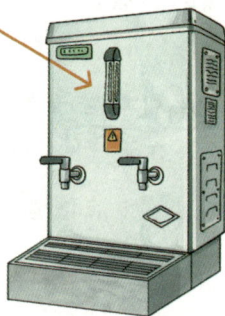

# 地面上的管道

　　据说，古罗马人修建的输水管道，现在依然造福着罗马居民。它们不是建在地下，而是用石柱架起来，像高架桥一样建在地上。尽管那时的人们缺乏物理知识，但不妨碍他们建造出令人叹为观止的工程。

　　为什么古罗马人不把管道埋在地下呢？当时的人们对连通器原理的认识还很模糊，他们担心地势起伏会导致管道高低不同，万一地势抬高，管道里的水可能就无法继续流动。他们理所当然地认为，只要管道建在地上，就没有这个问题了。因此，他们把输水管道全线都沿着均匀的坡度向下铺设，以保证水沿着管道流动。为了保证水流

顺畅，管道在某些位置需要绕很多弯，或者使用很高的拱形支柱架起来，工程量无形中增加了很多。比如，有一条管道全长近100千米，但管道两端的直线距离只有50千米，也就是说，缺乏物理知识的古罗马人，多修建了整整一倍的管道！

事实上，我们如果了解连通器的知识，就会知道，无论在地上还是在地下铺设管道，当液体不流动时，液面都是平的。要想让水源源不断地流出管道，只要保证出口处的水位比入口处的水位低就可以了。

　　我国三峡工程是举世瞩目的跨世纪工程。三峡大坝上、下游的水位差最大可达113米。巨大的落差有利于生产可观的电力，但也带来了航运方面的问题：下游的船只驶往上游，怎样才能把这些船只举高一百多米？上游的船只驶往下游，又怎样才能让船只徐徐降落一百多米呢？

　　聪明的工程师想到了利用连通器的原理解决这个问题，他们修建了船闸。三峡船闸总长1621米，是世界上最大的船闸。以下图为例，当上游船只行驶时，关闭下游闸门B，打开上游闸门A，闸室和上游水道构成了一个连通器，闸室水面上升到和上游水面齐平后，打开上游闸门C，船驶入闸室。然后关闭上游闸门C和闸门A，打开下游闸门B，闸室和下游水道又构成了一个连通器。当闸室水面下降到跟下游水面齐平后，打开下游闸门D，船驶向下游。当船从下游驶向上游时，进行相反的操作就可以了。这就解决了船只举高或者降落一百多米的问题。

下游闸门 D　　　上游闸门 C

闸室

闸门 B　　　闸门 A

D　　　C

B　　　A

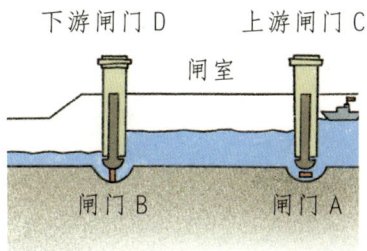

1. 关闭下游闸门 B，打开上游闸门 A，闸室和上游水道构成了一个连通器。

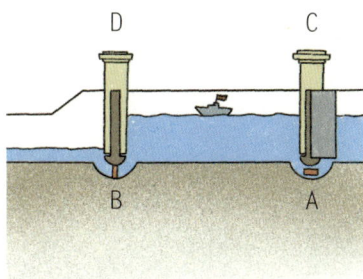

2. 闸室水面上升到和上游水面相平后，打开上游闸门 C，船驶入闸室。

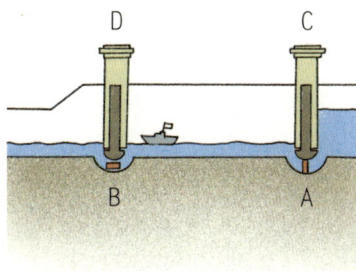

D　　　C

B　　　A

D　　　C

B　　　A

3. 关闭上游闸门 C 和闸门 A，打开下游闸门 B，闸室和下游水道构成了一个连通器。

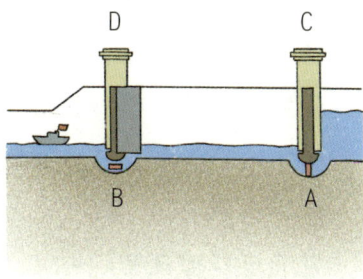

4. 闸室水面下降到跟下游水面相平后，打开下游闸门 D，船驶向下游。

# 空气的压力有多大

300 多年前，在德国的马德堡市（现在的德国雷根斯堡市）的居民看到了这样一件奇怪的事情：16 匹马向两个相反的方向同时拉两个合在一起的铜制半球，其中 8 匹马往一边拉，另外 8 匹马往另一边拉。即使这些马都用尽了全力，也没能把这两个半球拉开。（也有的故事里说："最终 16 匹马费了很大力气，终于听见'嘭'的一声——两个半球被分开了！"）"是什么东西让它们合得那么紧呢？""没什么，只是空气而已。"马德堡市市长奥托·冯·格里克通过这个引人注目的实验，让大家亲眼见证了空气对物体施加的巨大压力！空气压力绝不是我们感受中的"没什么感觉"。

这位科学家市长是在 1654 年 5 月 8 日进行的这个实验，当时场面极其隆重。尽管当时世界时局不稳、政治局势混乱，甚至还在打仗，但市长的科学探索活动还是吸引了众人的目光。

实验的过程是这样的：先定制两个铜制半球，其中一个半球上带有阀门。将两个半球合在一起后，利用装置将里面的空气全部抽走，形成真空。为了防止空气从两个半球的连接处进入，市长还特意事先制作了一个皮圈，将其浸泡在松节油和蜡的混合物里，泡透后拿出来，夹在两个半球中间起密封作用。此外，两个半球外面还要安装拉环，这样可以把绳子系在环上，再把绳子绑在马鞍上。抽真空后，两个半球被一股极为巨大的力量紧紧地"按"在了一起，以至于 16 匹马都没有把它们拉开，或者说要费很大的力气才能拉开。

而如果把两个半球转动一下，让空气进入其中，我们用手就能轻易拉开这两个半球。

　　这里提到空气会对半球施加压力，由此可知，大气也有压强。马德堡半球实验证明了大气压强的存在，让我们看到大气压强巨大的力量！那我们为什么在生活中从来没有感受到这种强大的力量呢？有些观点认为，人体体内也有一些气体，也存在气体压强，内外基本平衡，所以我们就感觉不到这样强大的力量。

# 纸片为什么不会掉下来

我们也可以做一个简单的小实验来证明大气压强确实是存在的。实验需要准备一个玻璃杯或一次性纸杯、硬纸片或明信片、清水。

首先，我们在玻璃杯中倒满水。其次，用一张比杯口略大的硬纸片或明信片盖住杯口，不要留缝隙。最后，用手指轻轻地压住硬纸片，慢慢将杯子倒扣过来。

小心地松开压住硬纸片的手，如果硬纸片留在杯口，水没有流出来，实验就成功了。此时你可以保持这个姿势移动玻璃杯，或者轻轻旋转一下玻璃杯，水依然不会流出来。

为什么一张小小的硬纸片能够承受住一杯水

的重量呢？其实，并不是硬纸片承受住了水的重量，而是硬纸片受到了空气压力的支持。也就是说，空气施加给硬纸片的向上的力大于玻璃杯中水施加给硬纸片的向下的力。玻璃杯里的水不过几百毫升，而空气对硬纸片的压力比这些水施加给硬纸片的压力大多了。

有人说，必须保证杯子里装满水，没有空气，实验才能成功。因为杯子里如果有空气，它会对纸片产生压力，杯子外面和里面的空气压力相互抵消，硬纸片上方又有水施加的向下的压力，它就会掉下去。其实，我们试试就会发现，即使用没有装满水的玻璃杯做实验，硬纸片也不会掉下去。而且在这种情况下，如果我们掀起硬纸片的一角，玻璃杯里就会出现一些气泡。这说明玻璃杯里的空气比外面的稀薄，所以外面的空气才会进入其中，产生气泡。玻璃杯里的空气比外面的密度小，产生的空气压力也会比外面的小。这样一来，如果玻璃杯里空气施加给硬纸片的压力与水施加给硬纸片的压力之和仍比大气施加给硬纸片的压力小，硬纸片依然不会掉下去。

如果换一个更大的玻璃杯重复文中的实验，依然能够成功。那么，大气压强到底能支撑多少水呢？据计算，大气压强能支撑 10 米多高的水柱，也就是 3 层楼那么高！

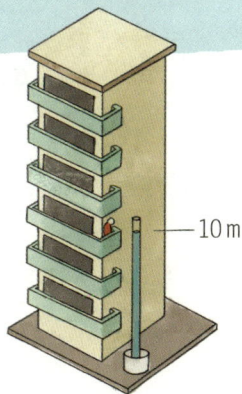

—10 m

# 漏斗为什么"不工作"

　　你有没有发现，当我们用漏斗向瓶子里灌液体时，液体有时会停在漏斗里，不向下流。这时候，我们要将漏斗拿起来，才能让液体继续流下去。为什么会这样呢？

　　其实，这是因为瓶子里有空气，空气产生了压力。当液体流进瓶子后，瓶子里的空气会受到挤压，变得更密集。当空气被压缩到一定程度时，它的压力会变得很大。如果这个压力超过了液

体所受的重力，便会阻碍液体向下流，将其挡在漏斗里。因此，我们要时不时地把漏斗拿起来，让瓶子里的空气排出去，这样漏斗里的液体才会继续流下去。

明白了这一原理，我们可以这样来设计漏斗：在漏斗下方管状部分的外侧制作一些纵向的突起，使漏斗无法完全贴紧瓶口。这样就可以留出一些空隙，让瓶子里的空气通过空隙排出来。

还有一个实验可以证明压缩后的空气会产生非常大的作用力。实验需要准备一个普通的玻璃瓶和一个瓶塞，瓶塞要比玻璃瓶口稍小一些，能卡在瓶口，又不会完全塞住瓶口为宜。我们把玻璃瓶竖直放在桌子上，瓶塞放在瓶口位置。然后，请一个人试着从上方把瓶塞吹到瓶子里。这件事看起来很容易，但是你会发现，不管这个人如何用力吹，瓶塞就是钻不进瓶子里。相反，这个人越是用力吹气，瓶塞反弹得越快。（注意：不要过于用力，否则瓶塞可能会飞到脸上！）

其实，要想使瓶塞进入瓶子里，恰恰应该反

过来——不是对着瓶塞吹气，而是对着瓶塞吸气。

听起来很奇怪吧？为什么会这样呢？原因就是：当我们朝瓶口吹气时，空气会沿着瓶塞与瓶口之间的空隙进入瓶子里，导致瓶子里的空气压力增大，将瓶塞推出来；反过来，如果我们吸气，瓶子里的空气就会变得稀薄，这时候外部较大的气压会迫使瓶塞进入瓶子里。

在做这个实验时，要保证瓶口完全干燥，如果瓶口有水，瓶塞就会与瓶口粘在一起，即使很用力地吸气，瓶塞也有可能无法进入瓶子里。

## 物理老师这样说

生活中有很多有趣的现象和气压有关。比如，在喝盒装的牛奶或酸奶时，插入吸管后，我们需要左右摇晃一下吸管，使吸管扎出的孔变大，这样才能更容易把奶制品吸上来。同样，口服液的吸管一般呈棱柱形，这使它们就像不紧贴瓶口的漏斗一样，方便空气进入瓶中，使药液更容易被吸入口中。

# 我们怎么喝水

　　我们每天都需要喝水，否则便无法生存。喝水这个动作看似简单，但你有没有注意到，我们喝水时常常会下意识地吸口气。这是为什么呢？其实过程是这样的：当我们吸气时，胸腔会变大，也就是嘴里的部分空气被抽入肺中，口腔里的压强随之变小，低于外面的空气压强。此时，水就会更容易

地被压入空气压强较小的地方，也就是我们的嘴里。

　　我们可以用一把水枪来模拟喝水的过程。当我们拉拽把手，水枪内部的空间会变大，空气变得稀薄，空气压强就会减小。而此时水枪外的空气压强相对较大，就将水压进了水枪内部，这就好像水枪在"喝"水一样！

　　我们用吸管喝汽水、用注射器或者胶头滴管吸取药液等，也都是利用了内外部气体压强的差异。

物理老师这样说

　　在呼吸过程中，肺内气体压强的变化也很重要。比如在呼气时，肺是收缩的，肺内的气体压强就会比外界的气体压强大，肺内的气体就会被排出体外；而吸气的过程中，肺是膨胀的，肺内的气体压强就会比外界的气体压强小，外界的气体就会被压入肺里。

# 隔水取硬币

　　将一枚硬币放在盘子里，然后往盘子里倒水，让水刚好没过硬币。你有办法在不碰到水的情况下从盘子里拿出硬币吗？

　　其实，我们用一个玻璃杯和一张燃烧的纸就可以做到。你可以请家长和你共同完成下面的实验。

　　将燃烧的纸放进玻璃杯，再将杯子倒扣在盘子里的水中，注意不要扣住硬币。当纸燃尽，杯子里变得烟雾缭绕时，你会看到盘子里的水全部被吸进了杯子里！这时，我们就可以在不碰到水的情况下拿起硬币了。

　　是什么力量把水赶进了杯子里？其实，这种神奇的力量就是大气压。燃烧的纸会加热杯子里的空气，使其膨胀。气压升高，将一部分空气挤到杯子外去。当纸燃尽后，杯子里的空气又会变冷收缩，气压随之下降，这时杯子外的气压更高，就会将盘子里的水赶进杯子里。

　　有人认为是纸燃烧时消耗了杯子里的氧气，导致杯子里的气体变少，气压下降。其实，这种认识是错误的。因为纸燃烧时，不仅会消耗氧气，还会产生二氧化碳和水蒸气等，新产生的物质和所耗氧气几乎是等量的，所以这种说法明显不成立。而且，我们可以不用燃烧的纸做实验，只要在倒扣杯子前将它加热一下，也能达到同样的效果。所以，并不是燃烧的纸消耗了氧气才使杯子里的气压下降，而是温度变化导致杯子里的气压下降。

　　如果你家里恰好有蜡烛，实验操作就会变得更加简单：将点燃的蜡烛立在盘子里，把玻璃杯倒扣在蜡烛上，将硬币留在杯子外面。等蜡烛熄灭后，盘子里的水就会全部进入杯子里，我们就可以不碰水取到硬币啦！

# 潜水钟

　　潜水钟是一种潜水设备，发明至今已经有上百年的历史。早期潜水钟的外形跟寺庙里的大钟非常相似，因此被称为潜水钟。潜水钟里有空间储存可供潜水员呼吸的空气，可以让潜水员进行长时间的水下作业。

　　我们可以通过一个简单的实验来了解潜水钟的工作原理。在脸盆里装满水来模拟大海，将一个倒扣的玻璃杯压入水中，模拟潜水钟。这时我们会发现，玻璃杯里几乎没有进水。这是因为玻璃杯里的空气阻挡了水的进入。如果我们在

水面上放一块木片（要比杯口小），木片上再放一块方糖。然后，用玻璃杯罩住木片，再将玻璃杯压到水底，我们就会发现，虽然方糖所处位置低于杯子外的水面，但它并没有被水浸湿。

我们还可以用玻璃漏斗来做这个实验。用手指堵住漏口，将漏斗倒扣着压入水中，水并不会进入漏斗里。但是，一旦我们移开手指，水就会立刻涌入漏斗，直到漏斗内外的水平面高度一致为止。这一现象体现的是我们前面介绍的连通器原理。

通过这两个实验，我们可以证明潜水钟内部的上方确实存在空气，潜水钟在水下工作的原理也就不难理解了。

**物理老师这样说**

潜水钟里储存的空气终究是有限的，为了延长潜水员在水下的作业时间，人们想方设法把新鲜空气不断送进潜水钟里。现代的潜水钟配备了一整套水下作业系统，潜水员可以在更深的水下工作更长的时间。

# 吹气大力士

我们再来做一个有关气压的小实验。

找一些旧报纸，将它们剪开后用胶水粘成一个小袋子。等胶水干透后，试着把纸袋吹鼓。你一定会发现这很容易做到。

不过，如果在纸袋上放几本书，你觉得还能那么容易地把纸袋吹鼓吗？我们可以一起试试看。

将干透的纸袋平放在桌面边缘，将一本书平放在纸袋上面，再把一本书竖在平放的书上，就像右页图中所示的那样。然后，向纸袋里吹气。我敢说，你会像大力士一样，不仅能将纸袋吹鼓，还能将上面的书掀翻，就像右页图中所示的那样！那么，为什么会这样呢？

我们第一次向纸袋里吹气时，吹进去的空气压力比外面的空气压力大，所以纸袋会鼓起来，这很容易理解。但是，当上面压着书的时候，纸袋仍然能被吹鼓，我们就要依靠大致估算来进行理解了。纸袋外的空气压强大约是 10 牛顿 / 平方厘米，假设我们向纸袋内吹气会使纸袋内外的压强差为 1/10，也就是说，每平方厘米的面积上，向外的压力比向内的压力多 1 牛顿。如果我们制作的纸袋是一个边长为 10 厘米的正方形，那么纸袋的表面积就是 100 平方厘米，纸袋向外的压力就比向内的压力多了大概 100 牛顿，大约可以

推动 20 斤的重物！这么大的力，当然足以将书掀翻了。

　　假设有一张桌子，你和朋友两个人才能推动，而你爸爸一个人就可以推动，那么你爸爸推桌子的力量就是你和朋友的力量之和，也就是说爸爸的力是你和朋友的力的合力。但是，如果你和朋友推桌子时，一个向左推，一个向右推，那么合力就等于你和朋友的力之差，合力的方向和更大的那个力的方向相同。所以，上文中提到"向外的压力比向内的压力多 1 牛顿"，就相当于你和朋友一个人向外撑开纸袋，另一个人向内压着纸袋，而向外的力更大，所以纸袋就被撑开了。

# 轮船为什么会
# 发生碰撞

　　历史上曾经发生过一起撞击事故：一艘巨大的轮船正在大洋上航行，距离它几百米远的地方有一艘小船也在高速前进。当两船行驶至下图所

两船相撞前的位置

示的位置时，意外发生了：好像有一只看不见的手牵引着小船，让它突然偏离航线，冲向大船，连舵手都无法操控船只！最终，两艘船不可避免地发生了碰撞。

当时的法庭认为这起事故是人的操作失误造成的。然而，实际情况并非如此——引发两艘船撞击的力量背后隐藏着一个物理原理。如下图所示：如果水沿着一条宽窄不均的航道流动，当流至较窄的部分时，水流速度会变快，对航道侧

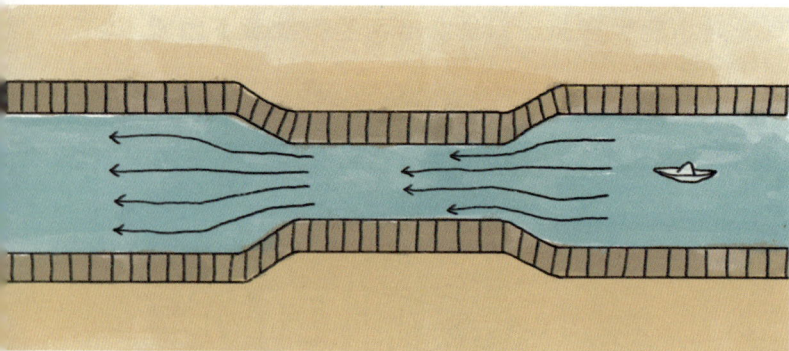

航道较窄部分的水流比较宽部分的水流流速快。水流对航道侧壁的压力在较宽部分要比在较窄部分大一些

56

壁的压力较小；流至较宽部分时，水流速度会变慢，对航道侧壁的压力较大。这就是著名的伯努利原理。

下图展示了两艘并排行驶的船。因为这两艘船之间的通道比较窄，所以这里的水流速度比两艘船外侧的水流速度要快，船体内侧承受的压强小于船体外侧承受的压强。在这种情况下，水的

两艘并行的船会相互"吸引"

作用力就会将两艘船向一起推，其中较轻的船会移动得比较明显，而较重的船可能不会发生明显的位移，这样就出现了小船直接冲向大船的现象。因此，经验丰富的海员们都会避免让并排行驶的船靠得太近。

如下图所示，如果两艘船不是并排行驶，而是一艘在前，另一艘在后，那么情况会更糟糕。

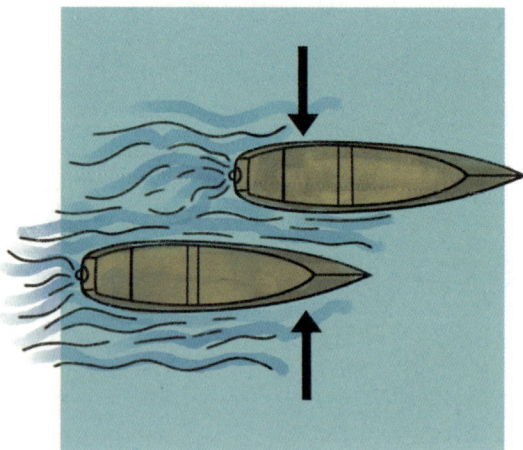

两艘船一前一后行驶的时候，
下方的船会发生转向，撞向另一艘船。

迫使两艘船相互靠近的两个力会导致船身转向。在巨大的力的作用下，舵手根本来不及改变航向，两船就会无法避免地相撞。

物理老师这样说

你可以做这样一个模拟实验：将两个气球悬挂起来，彼此不要离得太远。当它们静止后，向两球之间轻轻吹气，如下图所示，这时，两个球会相互靠近甚至发生撞击。你还可以将两个气球放在脸盆里，让它们保持一定距离，然后对准两球间的水面喷水，看看会出现怎样的结果。

# 浮力

# 浮力极强的水域

很早以前，人们就知道世界上有一片水域是不会把人淹死的，这就是著名的死海。死海的水非常咸，所以一般的生物在那里无法生存。酷热

干旱的气候导致水分大量蒸发，而溶解的盐分依然留在水里，于是死海的含盐量越来越高。大多数海水的含盐量只有2%~3%，而死海的水含盐量竟高达27%！

高含盐量使得死海的水呈现出与众不同的特点：同样的体积，死海的水比普通海水重得多，甚至比人还要重。也就是说，死海的水密度比人体的密度大，所以人会浮在水面上，而不会被淹死。

生活中我们也会看到类似的现象，比如在喝汤之前，我们会看到点点油滴漂浮在汤面上；把石头扔进河里，它会沉到水底。这些现象的原理和刚刚文中提到的死海浮力大的原理是一样的——油的密度比水小，因此油会浮在水面上；石头的密度比水大，所以石头会沉到水底。

浸入液体中的物体受到的向上的力，叫作浮力。人躺在死海水面上处于静止状态时，会受到竖直向下的重力和竖直向上的浮力，浮力大小刚好等于重力大小。石头浸在水中，也会受到浮力的作用，但浮力比重力小，所以石头会向下运动，直到沉底。前面我们提到过，液体内部的压强与液体密度和深度有关，液体密度越大，液体深度越深，液体压强就越大。理论证明，物体浸在水中，其下表面的压力（方向向上）总会大于上表面的压力（方向向下），因此从总体上看，物体浸在水中一定会受到一个向上的力，这就是浮力。

# 气球能飞多高

　　很多同学都喜欢玩气球，尤其是能飞上天的氢气球或者氦气球。如果松开这些气球，它们会飘到哪里去？它们到底能飞多高呢？

　　实际上，这些气球并不会一直飞，更不会飞到大气层外面去，它们的飞行高度有一个极限。到达极限高度后，因为那里的空气非常稀薄，气球整体的密度等于此处空气的密度，气球就不会继续上升了。但是，由于在上升的过程中气球会膨胀，所以它不一定能到达极限高度。经常发生的情况是：在内部气压的作用下，气球还没有到达极限高度就被撑破了。

　　大家买来一个氢气球或者氦气球之后，可以

把它放在房间里仔细观察。如果足够有耐心，你可以看到非常有趣的现象——最初几天，气球会紧贴着天花板；几天之后，气球的高度会下降一些，但依然在靠近天花板的地方；再过几天，气球可能会停留在房间里较低的位置，也可能就在你眼前飘来荡去；慢慢地，又过了几天，气球可能就会落在你的脚边了。

这些现象其实很容易理解。我们前面提到过，热空气比较轻，往上升；冷空气比较重，往下沉。因此，在房间里，上方气体密度小，下方气体密度大。而刚买来的氢气球或者氦气球，气球整体密度比房间最上方的气体密度还小，因此气球会紧贴在天花板上。但随着气球内气体慢慢泄漏，气球整体的密度开始逐渐变大，它就会悬浮在房间中部的某一个位置。最后，当气球整体的密度比房间下方的气体密度还大的时候，它就会落在你的脚边了。

　　节日放飞的气球、携带气象仪器的高空探测气球、体育和娱乐活动中使用的热气球，充入或利用的都是密度小于空气的气体，所以它们都可以飘在空中。有些时候，为了能定向航行而不随风飘荡，人们会在一些大气囊下方安装带螺旋桨的发动机和载人、装货的吊篮。飞艇就是这样制造出来的。20世纪20至30年代，飞艇盛极一时，多用来进行军事侦察、轰炸敌方目标或作为空中交通工具。后来连续发生了几次气囊中的氢气爆炸的事故，其飞行速度又不及飞机，飞艇便逐渐被淘汰。近年来由于能源危机，且可以用不会爆炸的氦气代替氢气，人们对造价低廉、燃料消耗少、装载量大的飞艇又重新重视起来。

# 沉没的船去了哪里

法国科幻作家凡尔纳在小说《海底两万里》中描写了一艘"沉没"的船，它安静地悬浮在海水里。那么，你知道现实中沉没的船会去哪里吗？是沉到海底，还是像小说中说的那样，悬浮在深海的某个地方呢？

生活中我们发现，木块在投入水中后会漂浮在水面上，而石块在投入水中后会沉到水底。这是因为木块的密度比水小，而石块的密度比水大。我们知道，即使在最深的马里亚纳海沟，海水的密度也不会因为水深的增加而变得和铁的密度一样大。所以，沉没的船只肯定会一直沉到海底。

以前有人并不同意这个观点，他们还做了这

样一个实验：把一个底朝天的玻璃杯小心翼翼地投入水中，这个玻璃杯就会漂浮在水面上。这是因为玻璃杯中存有一部分空气，因此整体密度会比水的密度小，这就使玻璃杯漂浮在了水面上。实验者认为，同样的道理，当巡洋舰或者其他船只不幸沉没后，如果船上的某些地方是密封的，里面的空气不会外泄，那么这艘船下沉到一定的深度后，就会停下来，待在那里不动了，而不是沉底。

　　但实际上，底朝天的玻璃杯和木块一样，整体密度比水小，所以才会一直漂浮在水面上。也就是说，如果沉船上有一些密封的空间，使船的整体密度比水的密度小，那么它就会一直漂浮在水面上而不会下沉。但如果这艘船的整体密度比水大，它就一定会慢慢沉到水底。唯有船的整体密度刚好等于水的密度时，船才有可能从漂浮状态慢慢下沉，在水面下一个离水面很近的位置保持悬浮状态。但是在水面附近，这样的沉船只要受到一点点扰动，船里的水就会多一点点，这时船的整体密度就会大于水的密度，开始继续下沉。因此，船要么一直漂浮在水面上，要么沉到水底，是不可能一直停留在通往海底的半路上的。

**物理老师这样说**

　　下图展示了物体在水中静止时的状态。此时我们称物体C处于漂浮状态，D处于悬浮状态，E处于沉底状态。我们提到的"这艘船下沉到一定的深度后，就会停下来"这种情况，就是指船悬浮在水中。这个时候，船的整体密度刚好等于水的密度。

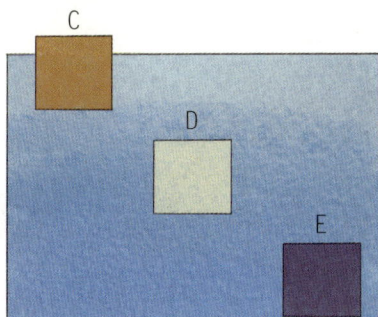

# 1 吨木头与 1 吨铁

很多人小时候都会被问到这样一个问题：1 吨木头与 1 吨铁，哪个重？不少人会因为回答铁重引得提问者哈哈大笑。如果这时候有人说木头重，笑声可能会更大。那么，1 吨木头比 1 吨铁重到底有没有道理呢？从某种意义上说，确实是

有一定道理的。

物理学中著名的阿基米德定律，说的是物体浸入流体中会受到浮力的作用，浮力的大小等于这个物体排开的流体所受到的重力。由此可知，阿基米德定律不仅适用于液体，也同样适用于气体。

木头与铁，在空气里也会受到向上的浮力作用，也正因为如此，我们虽然用秤称出来木头的重量为1吨，但它们的实际重量要比1吨大！也就是说，木头的真正重量等于1吨加上与这1吨木头同体积的空气的重量；而铁的真正重量等于1吨加上与这1吨铁同体积的空气的重量。1吨木头的体积大约是1/8立方米，约为1吨铁的体积的16倍。与两种物体对应的空气重量大约相差2.5千克。所以，这个问题更严谨的答案应该是：考虑物体在空气中受到的浮力，1吨木头的真正重量比1吨铁的更重。

　　我们将一个空的饮料罐开口朝上按入水中。随着饮料罐排开的水越来越多，我们会感受到浮力越来越大。所以，被排开液体的体积越大、密度越大，其所受重力也就越大。人们测量并比较了物体所受的浮力和排开液体所受的重力，发现两者相等，这就是我们提到的阿基米德定律。

# 你吃的鸡蛋新鲜吗

　　我们经常吃鸡蛋，但你知道自己吃的鸡蛋新鲜吗？有一个简单的方法可以帮你判断：将水倒入玻璃杯，再将一枚鸡蛋放入水中。如果鸡蛋沉到杯底，说明它是新鲜的；如果鸡蛋浮在水面上，说明它已经不新鲜了。

　　我们可以用浮力的知识解释这个现象：新鲜的鸡蛋整体密度比水大，所以它会沉底。从另一个角度解释：新鲜的鸡蛋浸没在水中时，其受到的重力大于它受到的浮力，因此沉底了。或者换句话讲，新鲜的鸡蛋比与其同体积的水要重一些。

　　上面的实验使用的是普通的水，那如果使用盐水会发生什么呢？我们可以再做一次实验：在玻璃杯中倒入水，将一枚新鲜的鸡蛋放入水中，再向水中不断地加盐并搅拌均匀。当盐水足够浓时，我们会发现鸡蛋开始向上浮，最终漂在了水面上。这个实验证明新鲜的鸡蛋比与其同体积的盐水要轻，所以会漂在水面上。

如果我们想让新鲜的鸡蛋悬浮在盐水中，那么就必须让鸡蛋与盐水的密度刚好相等。换句话讲，新鲜的鸡蛋要刚好和与其同体积的盐水所受重力相等，才能悬浮在盐水中。要想看到这个现象，我们需要多尝试几次，调配出浓度合适的盐水——如果鸡蛋浮起来了，我们就加点儿水，如果鸡蛋沉下去了，我们就在水里加点儿盐；最后

达到无论我们把鸡蛋放在水里的任何位置，它都会悬浮的效果，就像图中展示的那样。快去动手试试吧！

物理老师这样说

潜水艇和飞艇也可以利用浮力原理实现悬浮。由于潜水艇的体积是恒定的，我们如果需要它下沉，可以在潜水艇水舱内注入海水，增加其自身所受的重力，使重力大于浮力，继而使潜水艇下沉。我们也可以理解为，注入海水后，潜水艇整体密度大于海水密度，所以下沉了。反之，如果潜水艇需要上浮，排出海水就可以了。同样的道理，飞艇也可以通过类似的方式控制升降。

# 鱼鳔的作用

　　鱼鳔，俗称"鱼泡"，是某些鱼类体内可以膨胀和收缩的囊状物。关于鱼鳔的作用，有一种常见的观点认为：如果鱼想从深水中浮到较浅的

地方，就会使鱼鳔膨胀，增大身体体积，使自身的重量小于同体积水的重量，即重力小于浮力；反之，如果鱼想下沉或者停止上浮，就会收缩鱼鳔，缩小身体体积，使自身的重量大于同体积水的重量，即浮力小于重力。这些过程就像之前提到的潜水艇上浮和下沉的过程一样。

　　然而，这个说法并不准确。实际上，鱼无法通过主动改变鱼鳔的状态来改变自己在水中的位置，鱼鳔状态的变化是由外部的压力引起的。当鱼停留在水里时，如果鱼排开的水的重量与它自身重量相等，浮力等于重力，鱼鳔就可以帮助鱼维持一个静止不动的悬浮状态。但这个状态并不稳定，如果鱼上浮或下沉，水压的变化就会使鱼鳔里的气体膨胀或收缩，导致鱼的体积变大或变小。这样一来，浮力和重力不再相等，鱼的位置就会发生变化。

　　我们也可以通过观察钓鱼时的情景来证实上面的观点。如果鱼能够主动控制鱼鳔的收缩，那么当鱼挣脱鱼钩，再次落入水中时，它应该直接沉到深水中去。但实际上，鱼落水后又会快速地浮到水面上来，这就是外部压力的影响——鱼鳔处于膨胀状态，鱼不得不上浮，想向下游动只能通过摆动身体来实现。

# 用泡沫来选矿

　　有一种高效的选矿方法，叫泡沫浮选法。把经过研磨的矿物碎石放进一个盛有水和油性物质的装置里，这种油性物质能够在有用的矿物表面覆上一层薄膜，使矿物不易被水浸润。然后，大量空气会被注入装置，矿物碎石的混合物被搅动起来后会形成很多泡沫，被油性物质包裹的有用矿物与泡沫的外膜接触时，会附着在泡沫上，而且泡沫的体积比有用矿物的体积大得多，因此气

泡的浮力能带动这些有用矿物上浮。而没有被油性物质包裹的无用矿物粒子无法附着在泡沫上，仍然会留在液体中，这样一来，我们就筛选出了需要的有用矿物。

最后，把这层泡沫提取出来继续处理，就可以得到所谓的"精矿"，精矿中有用矿物的含量要比原始矿石中的高几十倍。

现在，泡沫浮选法选矿技术非常精细，只要选择适当的混合液，就可以从任意成分的矿石中分离出每一种有用矿物。

### 物理老师这样说

泡沫浮选法选矿技术起源于对一个偶然现象的仔细观察。在 19 世纪末期，一名美国女教师凯瑞·艾弗森在洗涤一条装过黄铜矿石且沾满油污的麻袋时，意外地发现，有一些黄铜矿的颗粒和肥皂泡沾在一起并浮到了水面上。正是这个发现推动了这项技术的发展。

# 凡尔纳的幻想能否变成现实

　　在法国科幻作家儒勒·凡尔纳 1870 年出版的《海底两万里》中，有一艘名为"鹦鹉螺"号的潜水艇。它的速度高达 92.6 千米 / 小时，排水量 1500 吨，持续潜水时间约 48 小时，有二三十个水手。小说中，这艘潜水艇性能卓越，甚至可以潜入 16 000 米的海洋深处。

　　后来，现实世界中的潜水艇在很多方面都赶超了"鹦鹉螺"号。例如，法国于 1929 年制造的"休尔库夫"号潜水艇的排水量已超过 3 200 吨，持续潜水时间高达 120 小时，水手多达 150 人。这艘潜水艇从法国港口开往非洲马达加斯加，不需要在任何一个港口停靠休整。而且，与"鹦鹦螺"号相比，"休尔库夫"号的上层甲板还设有防水的飞机库，可以供侦察用水上飞机停靠。

小说中，当"鹦鹉螺"号下潜至 16 000 米的海洋深处时，主人公担心水压太大，会将潜水艇压扁。这种担心并非多余——在水下 16 000 米的深处（如果海洋中真有这么深的地方），水的压力可以达到 1 600 个大气压。这么大的压力虽然不能压碎铁块，但一定会破坏船体构造。

不过，目前我们探测到的最深的海域也没有 16 000 米深。在凡尔纳的时代，海洋探测工具还不够先进，更加难以获知海洋深处到底有多深。现代潜水艇要想到达海洋更深的地方，还得不断改进技术。

物理老师这样说

2020 年 10 月 27 日，中国载人潜水器"奋斗者"号在马里亚纳海沟成功下潜至 10 058 米处，创造了中国载人深潜的新纪录。同年 11 月 10 日 8 时 12 分，"奋斗者"号成功坐底，下潜深度为 10 909 米，刷新了中国载人深潜的纪录。

# 破冰船如何作业

大家洗澡时有没有这种感觉：躺在装满水的浴缸里，你会感觉自己变轻了；打开浴缸的排水孔，随着水面的下降，你会感觉身体越来越重；当身体完全露出水面后，你会感觉重量恢复了正常。

躺在水中时，你会受到向上的浮力。此时浮力的大小取决于液体的密度，以及人体浸在液体中的体积。因此，随着水的流出，身体露出水面的体积越来越大，浮力自然会逐渐减小，你当然会感觉自己没有之前那样轻了。

破冰船就是根据这样的原理进行工作的。当破冰船上功率强大的机器产生动力，将船艏推上冰面时，船艏部分受到的浮力为0，全部重量都会压在冰面上，从而将冰压碎。有时人们还会将船艉的贮水舱装满水，也就是所谓的"液体压舱物"，从而增强破冰的力量。

当冰层的厚度不超过 1.5 米时，破冰船可采用上述方法进行作业，但如果遇到更厚的冰层，就要利用船体的撞击力来完成任务了。破冰船会先向后退，然后向前行驶，撞击冰块。这时候，破冰船就像速度不大但质量很大的炮弹，会产生巨大的能量，从而达到破冰目的。

物理老师这样说

　　"雪龙" 2 号船长 122.5 米，宽 22.32 米，船体吃水 7.85 米，设计排水量 13 996 吨，航速 12~15 海里／时，是第一艘由中国自主建造的极地科考破冰船，也是全球第一艘采用船艏、船艉双向破冰技术的极地科考破冰船。"雪龙" 2 号能以 2~3 海里／时的航速在冰厚 1.5 米、雪厚 0.2 米的条件下连续破冰航行，在极地冰区可以原地 360° 自由转动。"雪龙" 2 号配备了国际先进的海洋调查和观测设备，能在极地冰区的海洋开展海洋物理、海洋化学、生物多样性调查等科学考察。

# 能量与简单机械

# 西瓜炮弹

在第一次世界大战期间，曾有一位法国飞行员徒手接住了危险的子弹。很多人都认为这是一件不可思议的事情，因为即使将一个看似并无威胁的物体——比如西瓜、苹果或鸡蛋——以很高的速度扔出去，它们也会变成致命的"杀器"，更何况子弹了。

1942 年就曾经发生过一起西瓜伤人事件。在国外举办的一次汽车拉力赛上，附近的农民为了表示对车手的欢迎，纷纷向那

些快速行进的汽车投掷自家栽种的苹果、西瓜和香瓜等水果，期望能够将水果扔到参赛选手的车里。农民们的一番好意，却带来了严重的后果——有些水果砸在了司机或乘客身上，把他们砸成了重伤。是什么原因让用来"示好"的水果变成了和炮弹一样危险的"武器"呢？这跟物理学中的动能有关。

参赛汽车自身的速度以及扔出水果的速度共同造就了破坏力极大的动能。这种动能到底有多大呢？将一个4千克重的西瓜，扔向一辆以120千米/时的速度飞驰的汽车，产生的动能和一颗仅有10克重的子弹正常发射所产生的动能是差不多的。这样一来，西瓜变成"炮弹"伤人也就不难理解了。当然，幸好西瓜的硬度比不上子弹，也没有子弹那样的穿透力，不然就真的变成名副其实的炮弹了。

随着人类科技的发展，飞机已经能够以极高的速度飞行，有些军用飞机的速度已经超过3 000千米/时，和一颗刚射出的子弹速度差不多。

飞机飞行速度如此之快，就必须小心类似"西瓜炮弹"一样的危险品。因为不管什么东西，哪怕只是一只小鸟，撞上一架高速飞行的飞机，也会成为威力无穷的"炮弹"。如果一架高速飞行的飞机遇到了从另一架飞机上掉落的几颗子弹，那么它就会像面对一架机关枪扫射般危险。因为这架飞机的速度和一颗高速飞行的子弹的速度几乎相同，所以它们相撞时的动能会非常大，破坏力极强。

**物理老师这样说**

　　动能是物体由于机械运动而具有的能。一辆行驶的汽车、正在奔跑的人、飞行的子弹、爬行的蜗牛等，都具有动能。动能和物体的质量和速度有关，质量越大、速度越大，物体的动能就越大。所以，如果一个消瘦的人和一个壮汉以同样的速度同时冲向你，而你只能躲开其中一个的话，那就躲开壮汉吧！

# 挖掘隧道的方法

    下图展示了 3 种挖掘隧道的方法。通常大型的隧道都是按照第一幅图所示的形式建造的：沿着与地面相切的两条直线，向两端延伸。隧道前半段

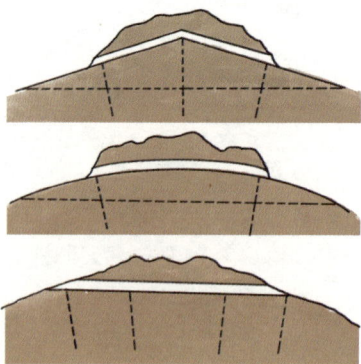

3 种挖掘隧道的方法，
哪条隧道是水平的？

会微微上升，后半段会逐渐下降。这种设计可以避免隧道内积水。

第二幅图中的那条隧道是沿水平方向挖掘的。有一点我们要注意，沿水平方向挖掘出的隧道并不呈直线，而是呈弧线，弧线上所有的点都与地球半径（垂直线）相垂直，而且弧线的弧度与地球表面的弧度也完全一样。由于水在隧道内的任何位置都处于平衡状态，隧道里的水都不会流到外面去。如果弧形隧道的长度超过15千米，那么我们站在隧道这一端，就看不到另一端。因为这样的弧形隧道的两端比中点至少低4米，人们的视线会被隧道中点的顶部遮住。

如果隧道如第三幅图中那样，是沿着一条直线挖掘出来的，那么这条隧道就会从两端开始逐渐向中点倾斜。这样一来，水不但无法从隧道里向外流，反而会汇集到隧道的中点，因为那里位置最低。不过在这种隧道里，人站在隧道的这一端就能看见另一端。

我们可以发现，所有的水平线其实都是弯曲

的，完全笔直的水平线并不存在，不过垂直线却总是笔直的。

物理老师这样说

　　我们可以将第一种隧道中点的部分看成一座小山，穿过隧道就像先上山后下山的过程，因此隧道中间不会有积水；第二种隧道紧贴在地球表面，和我们看到的地面没有什么分别，此时如果隧道内有积水，积水不会左右移动，就像桌子放在地面上一样，所以隧道看起来是弧形的，但积水并不会向外流；第三种隧道的隧道口相当于山顶，隧道中间相当于山谷谷底，所以积水会停留在隧道中间。

# 无底洞

地球的构造包括地壳、地幔和地核三个基本圈层。如果人类能凿穿地球，就能直接探索地球内部是由哪些物质构成的了。数学家莫佩尔蒂、哲学家伏尔泰和天文学家弗拉马里翁都曾设想过在地球内部钻出一条隧道。

不过，利用这想象中的"无底洞"，我们可以做一些有趣的实验假想。

假如你不小心掉进了一个"无底洞"，不考虑空气的阻力，会发生什么？当然，你不会掉到洞底，因为这个洞没有底。那么你最终会停在哪里？是地球的中心，还是穿过地球内部，最终停在地球的另一面呢？

这是一个很有趣的问题。当你下落到地心的时候，你身体的运动速度会很快，差不多是 8 千米／秒，以如此快的速度下落，你不可能在地心停留，而是会继续向下飞去。可一旦你继续向下飞，重力的方向就会和你运动的方向相反，那么你的运动速度势必逐渐减小，直到你落到洞的另一侧的边缘为止。如果用能量的观点解释，从地表下落到地心，你的重力势能在减小，动能就会增加；而从地心到另一端地表的过程中，你的动能减小，重力势能增大。因此到了洞的边缘，你必须紧紧地抓住些什么，否则你还会落回洞里，因为此时你的速度为 0。如果你没能抓住任何东西，不考虑空气阻力的话，你将不停地在洞里来回摆动。假如考虑空气阻力的话，阻力会让你的能量逐渐减小，直到你停在地心。此时，你的重力势能和动能就都等于 0 了。

　　假设我们在南美洲海拔 2 000 米的高原上凿这个洞，另一端的洞口位于海平面之上，海平面的海拔是 0 米。那么，假如有人从南美洲高原的

单程差不多需要 42 分 12 秒，
往返差不多需要 84 分 24 秒

这一端下落，在到达另一端洞口时，他将继续往天空中升 2 000 米。这是因为，在南美洲高原的位置，人的重力势能比较大，而另一端洞口的海拔是 0 米，人在出洞口的时候重力势能比较小，还会有一部分动能。在这种情况下，我们就要小心了，千万不要和这位从洞口飞出的"旅行家"撞上。但如果两个洞口都在海拔为 0 米的海面上，那么穿越的人到达洞口时，速度就会为 0。

## 物理老师这样说

　　动能和势能统称为机械能。一个物体可以既有动能，又有势能。物体由于受到重力并处在一定高度时具有的能叫作重力势能。一个物体从高处落下，物体的重力势能会转化成它的动能，而物体向上运动时，物体的动能又会转化成它的重力势能。因此，我们说，动能和势能是可以相互转化的。

# 科幻小说中
# 才会出现的隧道

很早以前，有一本名为《圣彼得堡与莫斯科之间的自动地下铁路》的科幻小说，这本书只有3章，但是作者在书中提出了一个非常聪明的规划。他计划挖掘一条长600千米的隧道，连接圣彼得堡和莫斯科。这条隧道不是沿着地球表面铺设的，而是从地球内部笔直穿过。这样一来，人们就不用走弯路了。

如果这条隧道真的存在，那么它还会有一个任何隧道都不具备的优势：任何车辆在隧道里都能自动从一端行驶到另一端。这条从圣彼得堡通往莫斯科的隧道，就像我们之前介绍的穿越地心的无底洞，只不过它不是沿着地球直径挖掘的。你可能会认为，看起来明明是水平的隧道，车辆怎么会在里面自动行驶呢？其实，这条隧道的两端离地心比较远，而隧道中间部分离地心比较近，这就好像隧道的两端在山上，中间部分在平地上一样。车辆不需要启动就可以从山上冲下去，然后冲到对面另一座山的山坡上。

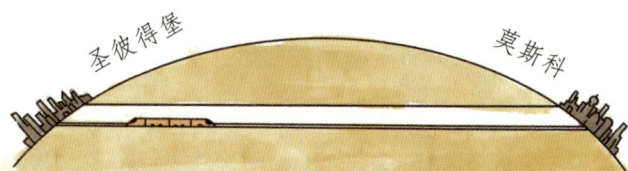

这条隧道，不需要火车头，火车靠自身的重量
就可以在其中自动往返。

在这样的隧道里，任何物体都可以在重力的作用下紧贴隧道底部向前移动。如果隧道里有铁轨，火车就可以在铁轨上滑行，车身的重力可以成为牵引力。火车滑行的速度会逐渐加快（我们

暂且不考虑空气阻力和摩擦力，只研究火车在理想状态下的运动），在接近隧道中点时，火车的速度会变得极快，甚至比炮弹还要快几倍！这样的速度完全可以使火车到达隧道的另一端。

更神奇的是，火车通过隧道所需要的时间也是 42 分 12 秒，和物体穿过无底洞所需要的时间是一样的。在理想模型中，火车行驶所花费的时间和隧道的长短无关，只与行星的密度有关。不仅如此，不只火车，其他任何车辆通过隧道需要的时间都是一样的。不过，这样一条能让任何交通工具都以惊人的速度飞驰而过的隧道只能在科幻小说中出现。

　　物体的质量越大，所处位置越高，它具有的重力势能就越大。而如果文中的隧道笔直地连接圣彼得堡和莫斯科，那么隧道两端的高度就会比较高，火车就会具有较大的重力势能；隧道中间的高度比较低，火车就会具有较小的重力势能。这样一来，火车从一端进入隧道，到达隧道中间部分时，它的重力势能就会减小，而火车的速度是增大的，那么火车的动能就会增大。在这个过程中，火车的重力势能就转化成了动能。

# 永动机

一直以来，人们对研究永动机充满热忱。在人们的想象中，永动机是一种可以一直保持自动运动的机械装置，它不需要外界输入能量，或者只需要外界提供初始能量就可以永远做功。古往今来，有多少人曾试图制造出这种机械装置，但一直没有人能够把它制造出来。

很久以前，一位叫翁乃古的法国人设计了一种永动机，他想帮助农民减轻劳作的负担。他在一个圆形轮子的边缘装上一些可以活动的短杆，短杆的另一端固定着重量相同的圆球。轮子转动起来，短杆也会带动圆球一起转动，转到右边去的圆球就会比还在左边的圆球离轮子中心更远。

右边的圆球向下坠，就会带动轮子按顺时针方向转动。如此循环往复，轮子就会永远转动下去。翁乃古以为按照这个设计方案来制造永动机肯定会成功。轮子制造出来了，但却没有按人们的预期自动转动。

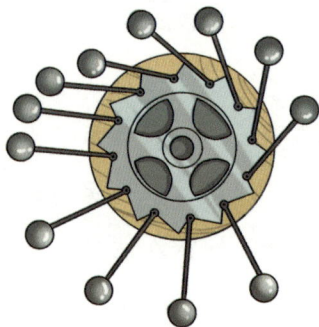

为什么会这样呢？左图中，轮子右边一共有 4 个圆球，而左边有 8 个圆球。虽然轮子右边的圆球总是离轮子中心更远，但左边的圆球数量更多。这样一来，轮子只会在刚开始时转动，然后就会越转越慢，最后停下来。

意大利著名科学家和画家达·芬奇也设计过永动机。他设计的永动机是一个装着钢球的轮子，里面的钢球可以自由滚动。它和翁乃古的永动机在设计思路上非常相似，只是把固定了圆球的短杆换成钢球，其中一侧的钢球离轮子中心更近，

另一侧的钢球离轮子中心更远，钢球旋转会带动轮子旋转。然而，制作完成后，人们发现这台永动机也同样无法一直保持自动运动。

所有的尝试都以失败告终，人们开始怀疑永动机是否真的能被制造出来。事实上，在没有外力的作用下，永动机是不可能被制造出来的，因为能量是守恒的。

**物理老师这样说**

在永动机概念流行的年代，国外一些商店为了招揽生意，会设计一个巨大的轮子，轮子看起来似乎一直在转动，就像永动机一样。其实，这种轮子是由电动机带动旋转的，只是电动机的位置设计得比较隐蔽，轮子看起来才像自动旋转一样。

# 水力永动机

很多永动机方案都会用到浮力原理，依此设计出来的永动机被称作"水力永动机"。我们来看看其中的两种。

一种叫"水塔永动机"，它的主体是一个高约 20 米的水塔，水塔的底部和顶部各有一个滑轮，滑轮上是一条强韧的钢绳，绳上一共挂着 14 个边长为 1 米的空

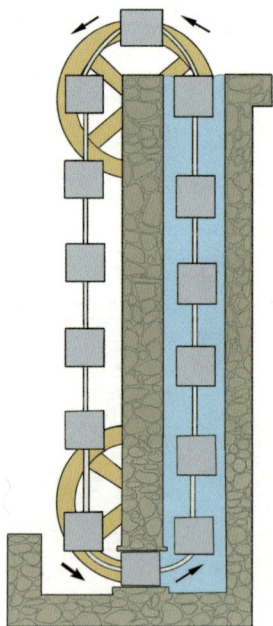

心铁箱子，这些铁箱子密闭性很好，不会进水。

这种装置是怎样工作的呢？根据阿基米德原理，水里的箱子所受的浮力大小就等于被排开的1立方米水的重力乘以浸在水里的铁箱的数量。从图中可以看到，总共有6个箱子浸在水里，相当于6立方米水的重力大小（也就是60 000牛顿）的浮力在拉动铁箱上浮。同时，水塔外面的钢绳上还有6个铁箱受到向下的重力。如此一来，绳索就会始终承受着60 000牛顿向上的拉力不停地转动。如果这样的水塔能够驱动发电机，那么在水资源充足的地方，水塔就能提供无穷无尽的电能。

但细究一下就会发现，这种永动机的绳索根本就动不起来。要想让这根静止的绳索转动起来，这些铁箱就必须能够从下面进入水塔，再从水塔上面离开。但是铁箱想要从下面进入水塔，就不得不克服来自塔里20米高的水的压力。如图所示，这个压力作用在最下面铁箱的右侧，方向向左，这样每平方米的铁箱上力的大小恰好是20

立方米水的重量，也就是 200 000 牛顿。前面说到，
绳索上的拉力只有 60 000 牛顿，显然不足以把铁
箱拉到水塔里面去。

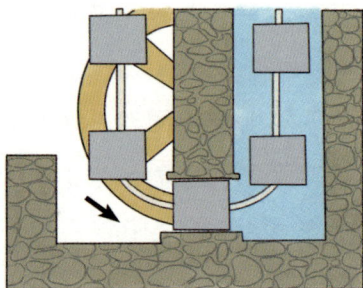

　　还有另一种水力永动机的设计图。一个木制
鼓形轮装在轴上，轮子的一部分一直浸在水里。
木头浸在水里必然会上浮，而且只要水的浮力能
够克服轮轴上的摩擦力，那么鼓形轮就会不停地
转动。

　　这个设计看起来是不是很合理？可是按照这
个方案去制造水力永动机，你一定会失败的，因
为鼓形轮根本不会转动。我们的推理哪里不对？

是我们没有把各种作用力的方向考虑周全。这些
作用力永远是垂直于鼓形轮表面的，和所有通往
轴的半径方向相同。按照我们的生活经验，顺着
轮子的半径去施加压力，轮子是不可能转动起来
的。要想使轮子转动起来，就需要沿着轮子的圆
周切线方向施加压力。

　　那些想发明永动机的人，总是不遗余力地将
那些好像失去的重量当作机械能的永恒动力。他
们确实设计出了很多非常巧妙的装置，但永动机
是不可能被制造出来的。

　　很多科学家在制造永动机的时候，还没有形成这样一个观念：能量既不会凭空产生，也不会凭空消失，它只能从一个物体转移到另一个物体，或者从一种形式转化成另一种形式，而在转移和转化的过程中，能量的总量是保持不变的，这就是我们常说的"能量守恒定律"。能量不会凭空产生，静止的水是不会带动轮子转动的，因为轮子转动后具有动能，水还是静止的，所以轮子的动能凭空多了出来，这显然是不可能的。但如果我们用流动的水去冲击轮子，轮子转动了起来，水的流动速度会变慢，在这个过程中，水的动能减小，而轮子的动能增加，这就能让轮子转起来了。我们如果在轮子上放一些能够容纳水的容器，就可以把水引到某一处农田，对这片农田进行灌溉，你有没有觉得这和以前的水车非常像呢？

# 可自动调节平衡的木棍

　　在分开的两手食指上放一根长木棍。然后，相向移动食指，直到它们并拢为止。在这个过程中你会发现，即使两根食指改变了位置，木棍依旧会保持平衡，并不会掉落。你可以改变手指的原始位置，多做几次实验。但无论做多少次实验，木棍都会保持平衡。即使将木棍换成直尺、手杖、台球杆，甚至扫把，你仍然会得到相

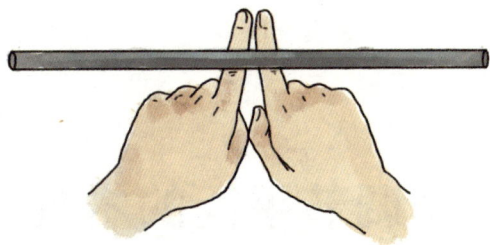

同的实验结果。

为什么会出现这个出人意料的结果呢？其中的奥秘又是什么呢？

要想理解这个实验的原理，大家首先应当明白一点：从一个物体的重心向下画一条竖直的线，只要这条线是落在支撑面内的，那么这个物体就会处于平衡状态。所以，只要木棍保持平衡，木棍的重心就会位于两根食指之间的某一处。

当两根食指分开时，距离木棍重心较近的食指会承受木棍大部分的重量。重量越大，产生的摩擦就越大，所以距离重心较近的食指不易移动，而距离重心较远的那根食指会移动得较快。一旦正在移动的食指距离重心较近，另一根食指也就比较容易移动了。两根食指就这样不断地变换着位置，轮流移动，最后在木棍重心的位置并拢在一起。

如果我们把木棍换成扫把，重复上面的实验步骤，然后在食指并拢的重心处将扫把切割成两段，将这两段分别放在天平的两端，此时的天平会平衡吗？

在我们的想象中，从重心处切割的两段扫把的重量应该是一样的。可是，事实上，扫把头

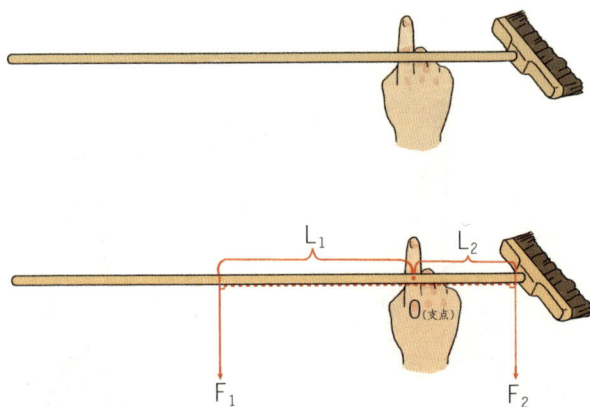

的那一端会更重。这是为什么呢？因为当扫把在手指上保持平衡时，扫把本身相当于一根杠杆，此时从扫把的重心到扫把的两端的距离是不相等的。将分割后的两段扫把放在天平上，天平便成了一个重心在正中间的杠杆，那么在重力作用下，重量不同的天平两端自然是无法保持平衡的。我们还可以准备一些重心位置各不相同的棍棒状物体，然后从重心位置进行切割，再将两段分别放在天平的两端。相信每次实验你都会发现，短的那段总是比长的那段更重。

　　如果一根杆在力的作用下能绕着固定点转动，那么它就是杠杆，这个固定点就叫作支点。杠杆在平衡时，总会满足这样的条件：动力 × 动力臂 ＝ 阻力 × 阻力臂。力臂指的是支点到力的作用线之间的垂直距离。因为扫把头一侧的力臂比较短，扫把杆一侧的力臂比较长，因此在扫把平衡时，扫把头一侧的力就会更大一些，而扫把杆一侧的力就会更小一些。在称重时，天平自然就不平衡了。

# 阿基米德
# 真的能撬起地球吗

　　古希腊大科学家阿基米德曾说过："给我一个支点，我就能撬起地球！"这句话的核心就是杠杆原理。杠杆，是一根能在力的作用下绕固定点转动的杆子。跷跷板、食品夹、指甲剪、开瓶器等物品中都有杠杆。利用杠杆原理，只需很小的力，我们就可以撬起任何重量的物体——只要将这个物体放在杠杆的短臂一端，而将力作用在杠杆的长臂一端。所以，阿基米德认为，如果有一根足够长、足够结实的杠杆，他就能撬起整个地球。

　　但是，这个伟大的想法却无法实现。即使阿基米德真的找到了另一个可以做支点的"地球"，以及一根足够长、足够结实的杠杆，想将地球撬起 1 厘米，也需要不少于 30 万亿年的时间！据估算，地球重达 6 000 000 000 000 000 000 000 000 吨。一个平时能撬起 60 千克重物的人，如果他想要撬起地球，那么他就需要一根长臂等于短臂 100 000 000 000 000 000 000 000 倍的杠杆！而且，哪怕只是把短臂的那一端抬高了 1 厘米，长臂那一端都要在宇宙中画一个极大的、长约 1000 000 000 000 000 000 000 千米的弧。这是一个常人无法想象的距离！移动这么长的距离需要多长时间呢？假设阿基米德手移动的速度是每秒 1 米，那么他将地球撬起 1 厘米所用的时间将是 1000 000 000 000 000 000 000 000 秒，也就是 30 万万万万年！所以，别说是 1 厘米了，哪怕是将地球撬起头发丝般的高度，也是阿基米德用一辈子的时间都无法完成的。

根据功的原理，任何一种机器，想要省一点儿力气，就只能靠增加移动的距离来实现。所以，即使阿基米德的手运动得特别快，甚至达到宇宙中已知的最快速度——真空中的光速（300 000千米/秒），中间一刻不停，将地球撬起1厘米，也需要花费十几万年的时间。

物理老师这样说

像是"6 000 000 000 000 000 000 000 吨"这样的数据，不仅难以阅读，也不便于计算，数学家们会把它写成"$6 \times 10^{21}$ 吨"。这样一来，数据就变得简洁多了。这种表示数字的方法就是"科学计数法"。

120

# 纸条会从哪里断开

有一个很有趣的实验，你可以和小伙伴们一起试试看。

准备一张长度和手掌差不多，宽度大概 2 厘米的纸条。在纸条上用剪刀剪出两个豁口。这时，你可以问你的小伙伴："如果从两边扯纸条，纸条会从哪里断开？"

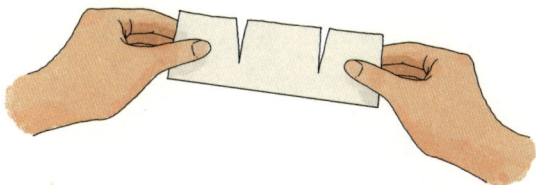

相信很多人都会说："当然是从豁口那里断开了。"你可以接着问："那纸条会断成几截呢？"

当很多人认为纸条会断成三截时，你就可以用实验来证实他们的错误。因为纸条只会断成两截！

不管你重复多少次实验，也不管纸条的长、宽如何变化，更不管剪开的豁口是大是小，纸条都只可能被扯成两截。因为剪开的两个豁口，不管你多么认真地想把它们剪得一模一样，它们也总会或多或少地存在差别——一个豁口深一些，另一个浅一些。豁口深一些的地方更容易断开，而一旦纸条从这里开始断裂，这个地方的承受力就会随着豁口变大而变得更小，于是纸条就会从已经被撕裂的豁口彻底断开，而不会从另一个豁口断开。

　　虽然这个实验看似简单，但它的物理学原理在生活中的应用非常广泛。比如家里常用的塑料保鲜袋，两个袋子之间一般会设计一行"断点"，沿着这里撕就比较容易把袋子撕下来。撕布料的时候，剪一个小口再撕会更容易一些。而在工业设计中，设计好的零件一般要尽量避免出现尖角，因为尖角部分比较容易损坏，而圆形的零件受力更均匀一些，使用寿命更长。

# 不可思议的断裂

　　一些舞台魔术看起来非常神奇，但其实原理并不复杂。如图所示：一根长长的木棍挂在两个纸环上。其中一个纸环挂在剃刀的刀刃上，另一个挂在一只点燃的烟斗上。一切准备就绪后，魔术师拿起一根棍子，从中间用力地击打悬挂的木棍。结果你会发现，悬挂的木棍被打断了，但两个纸环却完好无损！其实，这个实验的原理很简单——由于撞击是一瞬间发生的，作用时间非常短，所以木棍的两端和纸环都没有时间进行任何运动，真正运动的只有两根木棍相互撞击的那个点，所以木棍被打断了，而纸环没有任何变化。要想成功完成这个魔术，需要击打的时候足够迅猛。如果缓慢而无力地击打，不仅不会打断木棍，反而会把纸环扯掉。

如果魔术师的技艺足够高超，他甚至能做到在两个玻璃杯上架一根木棍，击打木棍之后，玻璃杯完好无损，而木棍却被打断了。

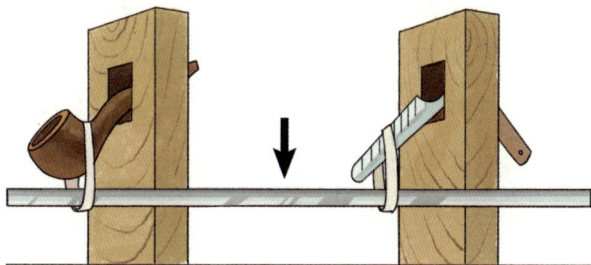

我们来做一个简单的实验，帮助大家更好地了解相关的物理知识。

在一张矮桌的边缘放两支铅笔，铅笔上架一根细长的木棒。将硬尺立起来，快速击打木棒的中央，木棒就会断成两截，而铅笔仍会留在原来的位置。

还有，用手压核桃很难压碎，但是如果用力迅速击打，就比较容易把核桃击碎。这是因为虽然手压核桃时的力量很大，但持续施力的力道比较均匀；如果用力迅速击打，冲击力不容易分散，而会在很短时间内全部作用在核桃上，当然更容易将核桃击碎了。

　　同样的道理，子弹打到玻璃上，只会在玻璃上留下一个小洞，但如果我们用石头砸玻璃，玻璃碎裂的面积就会很大。如果用手使劲推，我们甚至可以把窗框推掉、合页推断，而子弹或者石头打到玻璃上却很难做到。

最后，我们再来看一个例子。当我们用枝条抽树干的时候，如果速度很慢，哪怕很用力，树干也不可能断，顶多会倒向一边。但是，如果我们动作足够快，就可能把树干抽断。当然，如果树干非常粗大，也是不可能被抽断的。道理跟前面一样——如果枝条击打的速度足够快，冲击力根本来不及分散，只能集中在击打的位置，树干自然很容易被抽断。

**物理老师这样说**

在很短的时间内以很快的速度作用在物体上的载荷被称为冲击载荷，我们也可以简单地把"载荷"理解为力。冲击载荷的计算相当复杂，但在工程上的运用非常广泛。有一种专门的冲击试验，就是在冲击载荷的作用下，测定材料抗冲击的性能。这种试验中测量出的数据都是很重要的材料参数。

## 词汇表

### 压力
物体间由于相互挤压而垂直作用在物体表面上的力。

### 压强
物体所受的压力的大小与受力面积之比叫做压强。

### 连通器
上端开口、下端连通的容器叫做连通器。

### 浮力
浸在液体中的物体受到向上的力。

### 动能
物体由于运动而具有的能。

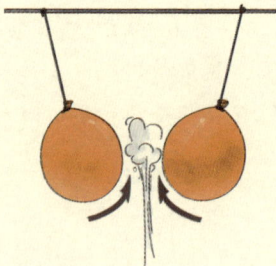

### 重力势能
高处物体所具有的能。物体的质量越大，位置越高，它具有的重力势能就越大。

### 弹性势能
物体由于发生弹性形变而具有的能。物体的弹性形变越大，它具有的弹性势能就越大。

### 机械能
动能、重力势能和弹性势能统称为机械能。

### 杠杆
一根硬棒，在力的作用下能绕着固定点O转动，这根硬棒就是杠杆。

# 物理老师这样说

## 这样的力

[俄罗斯]雅科夫·伊西达洛维奇·别莱利曼 著

马文睿 编译　　王婧瑜 绘

北京科学技术出版社

100层童书馆

**注意：请确保在安全环境及成人监督下进行书中所述物理实验。切勿尝试任何超出自己理解或能力的实验，以避免潜在的危险。**

**图书在版编目（CIP）数据**

物理老师这样说. 这样的力 / （俄罗斯）雅科夫·伊西达洛维奇·别莱利曼著；马文睿编译；王婧瑜绘. --北京：北京科学技术出版社，2024.4

ISBN 978-7-5714-3266-9

Ⅰ.①物… Ⅱ.①雅… ②马… ③王… Ⅲ.①中学物理课－初中－教学参考资料 Ⅳ.① G634.73

中国国家版本馆 CIP 数据核字 (2023) 第 192794 号

---

策划编辑：谭振健
责任编辑：郑宇芳
封面设计：刘邵玲
图文制作：雷　雷
责任校对：贾　荣
营销编辑：赵倩倩
责任印制：吕　越
出 版 人：曾庆宇
出版发行：北京科学技术出版社
社　　址：北京西直门南大街 16 号
邮政编码：100035
电话传真：0086-10-66135495（总编室）
　　　　　0086-10-66113227（发行部）
电子信箱：bjkj@bjkjpress.com
网　　址：www.bkydw.cn
印　　刷：天津联城印刷有限公司
开　　本：787 mm × 1092 mm　1/32
字　　数：70 千字
印　　张：4
版　　次：2024 年 4 月第 1 版
印　　次：2024 年 4 月第 1 次印刷
ISBN 978-7-5714-3266-9

定　　价：200.00 元（全 5 册）

# 学好物理的秘诀

作为一名中学物理老师，我被问到最多的问题就是："怎样才能学好物理？"其实，物理源于生活，想要学好物理，就要先学会做生活的有心人。这意味着你需要善于观察，乐于实践，勤于思考，并学会将理论知识与实际生活联系起来。

比如，你在冬天看到水结成了冰时，思考过这是为什么吗？结冰需要什么条件？如何制作冰块？我们可以用冰来做些什么？如果你能经常这样思考，相信一段时间之后，你会对这个世界有更深的理解。

在我读初中的时候，别莱利曼的书是我最喜欢的科学启蒙读物。书中内容丰富，尽管有许多复杂的公式和计算，有些甚至达到高中和大学知识的难度，但别莱利曼独特的叙述方式依然激发了我对物理的浓厚兴趣。

《物理老师这样说》里的文章是从别莱利曼原著中精心挑选和整理出来的，并按照初中物理教材的顺序进行了分类。即便你刚接触物理，也能够真实感受到：物理不仅是充满趣味的，而且与生活息息相关。通过阅读和观察，你可以思考生活中的物理现象，为未来的物理学习打下坚实的基础。

总之，学好物理的关键，是要带着探索的心态去理解这个世界，是要有一双善于发现的眼睛。只要保持好奇心和求知欲，你就会发现物理的魅力所在。

欢迎进入神奇的物理世界！

马文喜

# 目 录

# 相对运动

# 测量的重要性

　　以前国外的游乐园里有一个专为喜爱刺激的人准备的项目——"魔术秋千"，有点儿像加强版的"海盗船"。在屋子里很高的地方横贯着一根坚固的横梁，秋千就挂在横梁上。游客们通过跳板进入屋子，坐到秋千上。这时工作人员会把跳板撤掉，并宣布："游客们，奇妙的体验马上就要开始了。"工作人员轻轻推了一下秋千，秋千开始摆动，随后速度越来越快、摆动幅度越来越大，整个秋千荡得快要跟横梁一样高。大部分游客都会不自觉地紧紧抓住秋千上的扶手，以防自己被甩下来——但这只是他们的错觉。

　　其实在整个过程中，秋千一直没有动，在

动的是屋子。工作人员利用一种简单的装置，可以使屋子绕着水平轴在游客周围不停地转动，而屋子里的各种家具都被牢牢固定在地板或者墙壁上，整个环境都给人一种"是秋千在动而非屋子在动"的错觉。尤其是工作人员那装模作样的轻轻一推，更是强化了游客们的这种错觉。

人的触觉、视觉、听觉有时并不完全可靠，因此生活中才会出现各种各样的错觉。在学习物理的过程中，我们必须通过测量的方式来确定物理量的大小，而不能只凭自己的感觉。

**物理老师这样说**

你是不是觉得，下图中的帽子高度 CD 比帽沿的直径 AB 要长？试试用刻度尺比较一下，看看结果和你想的一样吗？

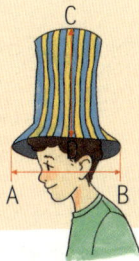

# "米"的由来

　　测量实际上就是比较的过程，即将一个待测的物理量与一个公认的标准量进行比较。这个用来比较的标准量叫作单位（unit）。因此，测量任何物理量都必须先规定它的单位。单位有国际通用的符号，例如，长度的基本单位是米（metre），在国际单位制中，米的符号是m。成年人走两步的距离大约是1.5米，课桌的高度大约是0.75米。那么，米这个单位到底是怎么来的呢？

　　很久以前，不同地方的人们使用的是不同的长度单位。例如，中国古代用"尺"作为长度单位。"尺"字很像伸出拇指和中指的手势，这两指尖之间的距离叫作"一拃（音zhǎ）"，日常生活中人们会用"拃"来测量距离。现在，美国、英国使用的"英尺"和"脚"在英语中是同一个单词（foot），这是因为很久以前，英国查理曼大帝宣布1英尺就是他脚板的长度。此外，英国国王亨利一世规定，从他鼻尖到他伸直手臂后中指指尖的距离为1码。这些长度单位虽然用起来方便，但每个人的体形不同，这些长度单位也会因人而异。

随着人类生产能力的提高和科学技术的进步，各国之间开始通商，人们迫切需要统一的长度标准。18世纪后期，法国科学院开始研究统一的计量单位，最后他们决定用地球的子午线，也就是通过地球两极的地球周长作为长度基准。法国科学院规定，将通过巴黎的子午线的四千万分之一或从北极到赤道的距离的千万分之一作为长度单位。这个长度单位就是"米"的前身。后来，科学工作者以这个数值为标准，用铂铱合金造出了米原器，并在1889年的第一届国际计量大会上将其确定为国际长度基本单位。

　　米原器精度不高，使用起来极其不方便。1960年，在第11届国际计量大会上，人们废除了米原器。1983年10月，国际计量大会在巴黎举行会议，重新规定了"米"的定义——将光在真空中1/299 792 458秒所走的距离定为1米。

物理老师这样说

　　单位的确定不能以某个人或某个所谓的"标准"元器件为标准，而必须选取自然界中比较稳定、世界各国都能接受的事物为标准。因此，国际计量组织制定了一套国际统一的单位，叫作"国际单位制"。在国际单位制中，长度、时间、质量的基本单位分别是米、秒、千克。

# 肥皂泡的薄膜

　　我们想要形容一个东西很薄，经常会说它像纸一样薄，或者像头发丝一样细。但这些东西跟肥皂泡比起来，还是差远了。肥皂泡的薄膜是自然界中我们能观察到的最薄的东西。一根头发丝的直径大约是 1/200 厘米，而肥皂泡薄膜的厚度只有头发丝直径的 1/5000。即使把肥皂泡的薄膜放大 200 倍，单凭肉眼也还是很难看清它有多厚。

　　物理学的研究对象，大到几光年外的星系，小到几纳米的微粒，尺寸范围非常大。一光年表示光走一年的长度，大约是 $9.4607 \times 10^{15}$ 米，一纳米相当于 $10^{-9}$ 米，前者大约是后者的 $10^{25}$ 倍。

# 我们的运动速度有多快

专业的长跑运动员跑完 1500 米大约需要 3 分 30 秒，奔跑速度大约是 7 米 / 秒，而普通人的行走速度大约是 1.5 米 / 秒。1 秒内，运动员在奔跑时能比普通人行走时多移动近 6 米，这相当于一间教室的宽度！不过，从运动的角度考虑，长跑运动员和普通人各有优势。普通人可以连续几小时慢步行走，而长跑运动员持续快跑一段时间后就需要停下来休息。

和其他动物相比，人类行走的速度是快还是慢呢？在蜗牛眼中，人类像闪电那么快。蜗牛一秒只能移动大约 1.5 毫米（一枚硬币的厚度差不多就是 1.5 毫米）。如果一只蜗牛一直向前爬，

1 小时它也只能移动仅仅 5.4 米，而一个成年人 1 小时差不多能走 5 400 米，蜗牛的运动速度仅是人类的千分之一！

　　然而，如果跟有些动物相比，人类可就要落后了。例如，苍蝇的飞行速度是 5 米 / 秒，人要是和苍蝇比赛，恐怕得穿着轮滑鞋才能和苍蝇打平手。要是跟野兔或猎狗比赛，人类就算骑着快马都追不上它们。至于老鹰等飞行速度非常快的动物，人类要想追上它们，估计就得坐飞机了！

　　尽管人类的运动速度比不上很多动物，但人类却发明了许多速度很快的工具，比如汽车、高铁、飞机、火箭等。我们熟悉的小汽车，在高速公路上行驶的速度可以达到 80~120 千米 / 时（也就是说，小汽车 1 小时移动的距离是 80~120 千米）。

　　由哈尔滨工程大学和深圳一家公司联合研制的无人快艇"天行一号"的最高航速超过50节(1节等于1.852千米/时,50节航速意味着"天行一号"每小时能航行大约92.6千米),据说是当时世界上速度最快的无人快艇。而我们在高铁站看到的新一代高速列车"复兴号"的速度最高可达400千米/时。

　　飞机可以达到更快的速度,它远比前面提到的几种交通工具快得多。由中国商飞公司研制的大型客机C919的飞行速度可达900千米/时。而中国自主研制的新一代隐身战斗机"歼-20"的速度可以达到3100千米/时!

　　在我们生活的大气层边缘,运行着人造地球卫星和空间站等速度更快的航天器,如中国空间站的天和核心舱的运行速度接近8千米/秒。而中国研制的天问一号火星探测器为了脱离地球引力的束缚,速度必须超过11.2千米/秒,即第二宇宙速度。

# 千分之一秒

很久以前，人们就学会了利用太阳高度或阴影长度来判断大致的时间，但那时的人们还不知道一分钟有多长，他们使用的计时工具，如日晷、

日晷

滴漏

滴漏、沙漏，并没有分钟的刻度。

18 世纪初，计时工具上出现了指示分钟的指针，而秒针在 19 世纪初才出现。人们能感知的最小计时单位可能就是秒了，但还有比秒更小的计时单位，比如毫秒，也就是千分之一秒。人们根本感受不到 1 毫秒，但在实际生活中，毫秒这样微小的计时单位却有广泛的应用。

在千分之一秒这么短暂的时间里，也会发生很多事情：火车能前进 3 厘米，声音可以传播33 厘米，超音速飞机能飞行 50 厘米，地球能围绕太阳移动 30 米，光能传播 300 千米。

我们周围生活着很多微小生物，它们如果有意识，肯定不会像我们这样对 1 毫秒的流逝漠不关心。这些生物可以察觉到千分之一秒的时间。例如，蚊子一秒可以振动翅膀 500~600 次，也就是说，它在千分之一秒的时间里就已经完成了一次抬起或放下翅膀的动作。

人类器官的运动速度无法像昆虫的那样快。眨眼是人类能做的最快的动作，眨眼一次所需的时间就是我们常说的"一瞬间"。我们甚至察觉不到自己眨眼的过程。很多人可能从未思考过眨眼的速度到底有多快。然而，假如用毫秒作为计时单位，"一瞬间"大约是 400 毫秒，也就是千分之一秒的 400 倍。在这段时间里，我们的眼皮完成了如下动作。

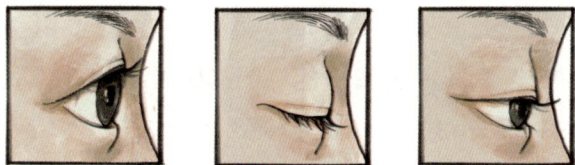

左：上眼皮向下垂（75~90 毫秒）
中：上眼皮保持静止不动（130~170 毫秒）
右：上眼皮向上抬（170 毫秒）

我们如果能够感知 1 毫秒，就可以看到在"一瞬间"内眼皮完成了向下垂和向上抬的动作，并且能够观察到两次移动之间眼皮保持静止不动。

　　你知道现在我们能够测量的最短的时间是多少吗？在 20 世纪初，人们就利用仪器测量到了万分之一秒的时间。现在，人们甚至可以测量到千亿分之一秒的时间。这是什么概念呢？千亿分之一秒和一秒的差距就相当于 1 秒钟和 3000 年的差距！

# 运动和静止

　　很多人都认为静止和运动是对立的，就像天和地、水和火一样。其实，要判断一个物体是静止的还是运动的，我们需要选择一个参照物来作为判断标准。例如，当火车行驶时，以地面为参照物，卧铺和乘客就是运动的；以躺在卧铺上睡觉的乘客为参照物，卧铺就是静止的；反过来，以卧铺为参照物，乘客也是静止的。不管火车是停靠在站台上，还是行驶在铁轨上，以卧铺为参照物，躺在上面睡觉的乘客都是静止的。从这个角度来讲，乘客睡在卧铺上和睡在自家床上没有区别，他们相对于卧铺和床都是静止的。

　　从这个例子中我们可以看出，运动和静止并

不是对立的。在一种情况下，一个物体可能是运动的，也可能是静止的。

**物理老师这样说**

　　不知道大家是否有过这样的体验：你坐在停靠在站台上的火车里，不知过了多久，你感觉火车开动了，但过了一会儿才发现，原来是旁边的另一辆火车缓缓离开了站台。或者明明你所乘坐的火车已经开动了，你却觉得是旁边的火车开动了，事实上，旁边的火车可能一直都停在那里！所以，物体到底是在运动还是保持静止，都不是绝对的。我们只能说，一个物体相对于另一个物体（参照物）静止，或者一个物体相对于另一个物体（参照物）做怎样的运动，只是我们大多数时候，总以地面为参照物罢了。

# 活动式人行道

　　活动式人行道就是利用相对运动的原理建造的。1893 年，在美国芝加哥的一次展会中，这一装置首次亮相。后来，1900 年，类似的装置在法国巴黎举办的世界博览会上展出。从图中我

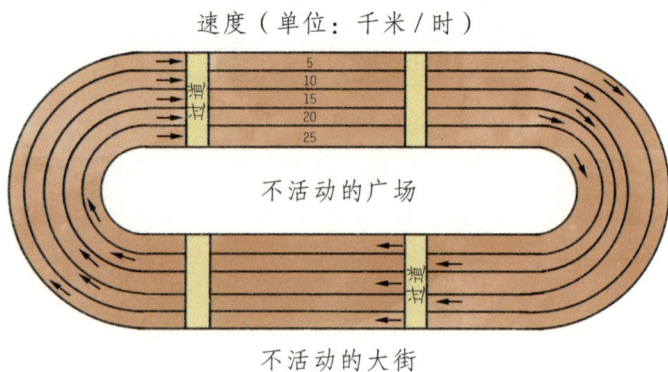

速度（单位：千米／时）

不活动的广场

不活动的大街

们可以看出，活动式人行道由 5 条环形人行道组成，它们形成一圈套一圈的结构。在不同的机械力的作用下，每条环形人行道都以不同的速度运动。

在环形人行道中，最外层的人行道，即第一条人行道的速度最慢，约为 5 千米 / 时，接近人们的步行速度。所以，人们可以轻松地走上这条人行道。紧挨着最外层的人行道，即第二条人行道的速度是 10 千米 / 时，从静止状态直接走到这条人行道上是非常危险的。但是，从第一条人行道走上这条人行道就容易多了，因为这两条相邻的人行道的相对速度只有 5 千米 / 时，相当于从静止的地面到第一条人行道。第三条人行道和第四条人行道的速度分别是 15 千米 / 时和 20 千米 / 时，同样地，在这两条人行道之间移动也不是难事。相反，乘客也可以很容易地从速度最快的最内层，一圈一圈地向外移动，最后回到静止的地面上。

我们常常能在机场看到自动人行道，它就像是地面上的传送带。拖着行李或行动不便的乘客走上人行道后，就可以利用自动人行道前进一段距离，节省体力。

# 无须停车的火车站

　　如果火车无须停车，只要车门打开，乘客就能上下车，那会是什么样呢？听起来这并不容易做到，并且很危险。但是，如果我们将火车站台

设计成一个移动的平台，就像水平的扶梯一样，让它的移动方向、速度和火车的保持一致，那么我们刚才的设想就成立了。

这样一来，虽然火车依然在行驶，但是你和火车以相同的速度同向移动，所以对站台上的你来说，火车就是静止的，你就可以轻松地上下车了。这时，你会感觉火车的轮子就好像在原地转动。

其实，所有看似静止不动的物体都和我们一样，一直在绕着地轴和太阳运动，只是这些运动对我们的生活没有影响，或者说我们已经习惯了这些影响，就忽略了它们。

如果火车无须停靠站台，乘客就能上下车，那就可以节约时间和能源。我们平时乘坐的公共交通工具需要不停地停靠站台，大量的时间和能源都耗费在了加速和减速上。我们如果能改进站台的设计，就能减少能源消耗。

还有一种方法能让乘客在火车全速前进时上下车。当火车快速通过一个站台时，乘客先坐到另一列火车上，朝着前面火车前进的方向加速行驶，直到两列火车的速度相同、并排前进。这时，这两列火车相对静止。然后，在两列火车之间架一块踏板，以连接两列火车的车厢，乘客就可以通过桥从一列火车换乘到另一列火车了。

## 物理老师这样说

在 4×100 米接力赛中，在第一棒运动员即将交棒时，第二棒的运动员会提前跑起来。如果他们在速度相同时交接棒，不仅交接过程会比较稳定，不易掉棒，而且第二棒的运动员还能在原有的速度上继续加速，会更容易取得好成绩。

# 用手抓住一颗子弹

　　曾经有这样一则逸闻：在第一次世界大战期间，一名法国飞行员驾驶飞机在 2000 米的高空中飞行。忽然，他感觉自己的脸旁边飞着一个很

小的东西，他以为是一只小飞虫，一伸手就轻松地把它抓在了手里。没想到，飞行员仔细一看，大惊失色！那不是小飞虫，而是一颗子弹！

虽然这听起来匪夷所思，但它是有可能发生的。我们都知道子弹的速度非常快，刚射出时，子弹的飞行速度能够达到 800～900 米/秒。如果你的学校的操场有 400 米标准跑道，那么子弹刚射出时，只需一秒就可以绕跑道两圈！但是子弹在空气中飞行时会受到空气阻力，飞行速度会逐渐降低，最后会减慢到 40 米/秒左右。此时，如果法国飞行员驾驶的飞机的飞行速度与子弹的差不多，那么子弹对飞行员来说，就可能是静止不动或者在缓慢地移动。飞行员抓住射出的子弹，也就在情理之中了。

　　第一次世界大战发生在 1914—1918 年，那时的飞机是没有座舱盖的。飞行员开着"敞篷"的飞机在高空中飞行，必须穿上厚厚的衣服、戴上厚厚的手套保暖。座舱盖的问世得益于技术的进步，从此飞行员再也不必害怕严寒，他们也更安全了。

# 风洞试验

飞机在空中飞行时，不能像汽车一样随时停下来。为了确保飞机可以安全地飞行，在设计飞机时，工程师们就要考虑到飞行过程中的各种数据。如果直接让新飞机上天试飞，风险很大。那能否在地面上模拟飞机飞行的情景呢？

聪明的工程师们想出了一个绝妙的办法。飞机飞行时，飞机相对于空气是运动的。我们能否在地面上通过让空气吹向飞机，使飞机相对于空气运动呢？

如图所示，我们在实验室中安装一根大管子，这根管子里有一股强大的气流。我们将一个飞机模型固定在管子的中间。当气流从飞机模型前面

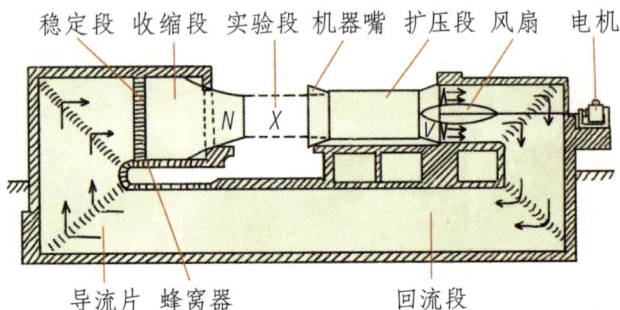

风洞的纵向截面图

流过时，我们可以测量出飞机模型受到的作用力和一些其他的必要数据。工程师们通过研究这些数据来了解飞机在空中飞行的基本规律，并根据这些规律对飞机进行优化。所以，我们利用运动的相对性原理，就可以模拟出飞机在天空中飞行的情景，从而解决飞机设计中遇到的难题。现在，我们已经建造了很多规模非常大的风洞，里面可以放下实际大小的飞机或汽车，而非缩小的模型。在风洞中，空气的流动速度非常快，有时甚至可以达到或超过声速呢！

近些年，随着电子计算机和信息技术的不断发展，我们也可以用电子计算机来模拟文中提到的风洞试验，这就是"数值仿真"。因为数值仿真不需要大型试验设备，所以这种方法的成本相对较低。

# 在甲板上抛球

在行驶的轮船的甲板上，船头和船尾分别站着一个人，他们在玩球，那么他们两人谁能更轻松地把球抛给对方呢？是船头的那个人，还是船尾的那个人？

如果轮船的行驶速度是均匀的，也就是做匀速直线运动，那么这两个人抛球所需的力量是一样的。行驶的轮船与静止的轮船没有任何差别。实际上，手中的球和轮船的速度是相同的，轮船上的人和球的速度也是相同的。所以，抛球时两个人用的力量相同，谁也不会占便宜。

**物理老师这样说**

　　这个问题我们用"运动和静止的相对性"来解释会更直观。球、船和人都在做匀速直线运动，球和人相对于船都是静止的，这就相当于两个人面对面站在地面上互相抛球，每个人用的力量都是一样的。但是，如果这艘船正在加速行驶，船头的人会更轻松。有机会大家可以在船上试一试！

# 车轮的谜题

将一张彩色的纸片固定在自行车轮胎的侧面，在自行车前进时观察这张纸片，你就可以看到一个十分有趣的现象：当纸片靠近地面时，纸片清晰可见；而当纸片转到上面时，你还来不及看清楚，它就一闪而过了。

观察任意一辆前进的自行车，比较滚动着的车轮的上半部分的辐条和下半部分的辐条，你就可以观察到相同的现象：上半部分的辐条连成一整片，下半部分的辐条却根根分明。似乎车轮的上半部分要比下半部分运动得快。

我们为什么会产生这样的感觉呢？答案其实很简单——转动着的车轮的上半部分确实比下半

部分运动得快。这个事实令人难以置信，但只要简单地分析，我们就不会对这个结论感到疑惑了。我们知道，转动着的车轮上的每一个点同时会做两种运动：围绕车轮中轴旋转，以及和中轴一起向前行进。与前面我们讨论过的地球运动一样，车轮的转动过程也涉及两种运动的叠加，而运动叠加的结果就会造成车轮上半部分和下半部分的运动速度不一样。车轮的上半部分的旋转运动要与其前进运动相加，因为两种运动的方向一致。而车轮的下半部分的旋转运动与前进运动方向相反，因此两个速度要相减。这就是为什么在一个静止的观察者看来，车轮的上半部分比车轮的下半部分运动得快。

让我们再做一个简单的实验来证明上面的结论。把一根木棒垂直插入小车车轮旁的地上，使木棒从侧面看来恰好通过车轮的轴心。用粉笔或者炭笔在车轮的最上方和最下方各做一个标记，使这两个标记从侧面看正好位于木棒与车轮轮缘重合的地方。如下页图所示，将小车稍微向右推，使车轮的轴心距离木棒20～30厘米，这样我们就可以观察到前面所做的标记是怎么移动的了。结果表明，位于车轮最上方的标记A移动的距离远远大于车轮最下方的标记B移动的距离。标记B甚至只是稍微离开木棒。

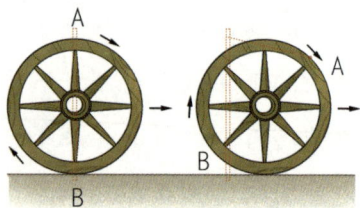

物理老师这样说

通过上面的讨论我们已经知道，自行车在前进时，车轮上的所有点并非在以同样的速度运动，那么车轮上的哪一点运动速度最慢呢？不难猜测，车轮上运动速度最慢的是与地面接触的点。严格来讲，车轮与地面接触的点的运动速度为零。

当然，以上结论只是对在地面上滚动向前的车轮而言，而对围绕静止的轴旋转的车轮来说，这个结论就不成立了。例如，对旋转的飞轮来说，上半部分和下半部分都以同样的速度运动。

# 用失准的天平
# 称出准确的质量

对称重来说，什么更重要？是天平还是砝码？如果你认为天平和砝码同样重要，那你就错了。答案应该是砝码，因为哪怕天平是失准的，但你只要有准确的砝码，也可以准确地称出质量。有很多用失准的天平称出准确质量的方法，这里我们介绍其中两种。

第一种方法是伟大的化学家门捷列夫提出的。称重的过程是这样的：首先，在天平其中一个秤盘上放置一个重物，什么重物都可以，只要比被称物体重即可。其次，在另外一个秤盘上放置砝码，使天平达到平衡。最后，把被称物体放在有砝码的秤盘上，并逐个取下砝码，直到天平重新恢复平衡。取下的砝码的质量等于被称物体的质量，因为在同一个秤盘上，砝码已经由被称物体所取代。因此，被称物体的质量与砝码的质量相等。这种方法被称为"恒载方法"。当需要称量多个物体的质量时，这个方法特别方便，因为不需要取下第一个被称物体，它可以在后续的称量过程中继续使用。

另外一种方法是由科学家博尔德提出的，因此它被命名为"博尔德法"。这种方法的称量过程是这样的：先将被称物体放在天平的一个秤盘上，再向另外一个秤盘中放入沙粒或铁珠，直至天平达到平衡。然后，将被称物体取下（不要动沙粒或铁珠），往这个秤盘上添加砝码，直至天平重新恢复平衡。此时，砝码的质量等于被称物体的质量。因此，这种方法又被称为"替换法"。这种简单的方法也可以用在只有一个秤盘的弹簧秤上，当然，除了弹簧秤以外，你还要有精准的砝码才行。这里不需要沙粒或者铁珠。先把被称物体放在秤盘上，记住秤的指针指向的位置。然后，取下被称物体，向秤盘上放砝码，直到弹簧秤的指针指向原来的位置。这时，砝码的质量与被称物体的质量相等。

**物理老师这样说**

　　天平是物理学中常见的测量仪器，用于测量物体的质量。中学物理实验室中常见的天平可分为托盘天平和物理天平，物理天平的精度更高。在使用托盘天平称量物体的质量时，左边的托盘上放被称物体，右边的托盘上放砝码，必要时可以移动标尺上的游码，向右移动游码相当于向右边的托盘添加砝码。被称物体的质量等于盘中砝码的总质量加上游码在标尺上对应的刻度值。

物理天平

托盘天平

# 什么是力

# 作用力和反作用力

在我们还没有关于力的概念时，我们会这样描述物理现象：一个物体对另一个物体产生了"作用"。后来，我们将物体之间的相互作用称为

"力"，而且力的作用是相互的。例如，当我们穿着轮滑鞋推墙时，我们也能感受到墙作用于我们的推力，我们会向后运动。

当我们站在地面上时，我们不仅受到地球作用于我们的吸引力，我们也在吸引着地球。当我们划船时，船桨会给水一个向后的力，而水会给船桨一个向前的力，使船向前运动。

通过前面的例子，我们可以发现，在自然界中并不存在单方面的作用力，受力的物体同样会产生反作用力，即物体间的力的作用是相互的，任何力的作用都发生在两个物体之间。这就是著名的牛顿第三运动定律。

此外，无论物体 A 向物体 B 施加多大的力，物体 B 都会同时向物体 A 施加一个大小相同、方向相反的力。假如我们用 50 牛顿的力让鸡蛋碰石头，石头作用于鸡蛋的力也一定是 50 牛顿。所以，鸡蛋碰石头，鸡蛋碎了，并非由于石头作用于鸡蛋的力更大，而是因为鸡蛋壳比较脆弱，无法承受这么大的力。

**物理老师这样说**

　　力的单位是牛顿，简称"牛"，符号是N。为了纪念伟大的物理学家牛顿，我们用他的名字来命名力的单位。将两个鸡蛋放在掌心，托起它们的力大约就是1牛顿。

# 巨人斯维亚托戈尔

　　在俄罗斯的民间故事里，有一个叫斯维亚托戈尔的巨人，他体形庞大，孔武有力，是力量的象征。他说："如果天空有吊环，我能拽落天空；如果大地有支柱，我能举起大地。"

　　为了证明自己力大无穷，斯维亚托戈尔去挑战"大地的引力"——那是一根被深深埋进土里的锁链，非常牢固。他抓住锁链用力往上拉，自己却陷进了土里，而且越陷越深。他使出了全身的力气，脸色变得苍白，眼睛流出了鲜血，可锁链依旧纹丝不动。这位雄心勃勃的巨人就这样被困在土里死去了。

　　巨人如果知道牛顿第三运动定律，也许就不

会做这样的傻事了。当他使劲拉锁链时，施加在锁链上的力也会反过来作用到他自己身上，这个反作用力必然会使他陷进土中。当人给锁链一个向上的力，锁链就会给人一个向下的力——可怜的巨人并没有把大地拉起来，反而被大地拉了下去。

　　这个故事也告诉我们，早在 1687 年牛顿发表著作《自然哲学的数学原理》之前，人们已经在日常生活中体验到了力的作用与反作用，知道一对相互作用的力的方向总是相反的。

物理老师这样说

　　传说西楚霸王项羽能拔山举鼎，甚至可以一只手拎着自己的头发将自己提起来，这显然是一种夸张的描述。根据牛顿第三运动定律，如果我们给头发一个向上的力，头发就会给手一个向下的力，这两个力的大小是相等的，所以身体并不会离开地面。如果我们想将自己举起来，就必须借助其他物体，比如用单杠来做引体向上，我们给单杠一个向下的力，单杠会给我们一个向上的力。

# 如何把物体吹向自己

如果让你把一个放在光滑桌面上的空火柴盒吹远，你一定会认为这非常简单。可是，如果让你站在原地，再把远处的火柴盒吹回来，你还能做到吗？

相信很多人都做不到。有人尝试通过吸气把火柴盒吸过来，但火柴盒却纹丝不动。其实，解决这个问题的方法非常简单：让你的同伴在火柴盒后面立起手掌，掌心朝向你，然后你朝着同伴的手掌吹气，气流碰到手掌后会被弹回来，作用于火柴盒上，从而使火柴盒向你的方向移动。

同样地，大家在观看火箭发射时，是否注意

到火箭的下方有"水汽"出现呢？这其实是从火箭下方喷射出的高温高压燃气使水变成水蒸气，水蒸气遇冷又变成小水珠的现象。前文中你向同伴的手掌吹气，气流碰到手掌后被弹回来，那你有没有想过，火箭下方喷射出的燃气喷射到地面上，是否也被弹回来了呢？你可以看一看火箭发射的视频，认真思考一下这个问题。

物理老师这样说

　　吹向手掌的气流会给手掌一个力，手掌就会给气流一个方向相反的力，于是气流反向流动，推动火柴盒。火箭发射时喷射出的高温高压的燃气给地面一个向下的力，地面会给燃气一个向上的力，燃气就会被弹回来。

# 没有支撑真的能运动吗

人在行走时，要用双脚蹬地。然而，当地面特别光滑时，比如在冰面上，人就会难以行走，因为脚会打滑、蹬不住地。因此，下雪后，人们会用除雪剂使雪融化，防止路面结冰。如果在已经结冰的路面上行驶，有些车辆的主动轮上会安装防滑链。车辆行驶时，防滑链能够穿透冰雪，接触道路表面，给前进的主动轮提供支撑力。我们可以用相互作用力解释这一现象：物体间力的作用是相互的，一对相互作用力的大小相等，方向相反。也就是说，车轮给地面多大的力，地面就会给车轮多大的力。主动轮旋转时，会给地面一个向后的力，地面给主动轮一个向前的力，使车辆前进。然而，如果地面太光滑，主动轮旋转时给地面施加的力太小，地面给主动轮的反作用力也会非常小，车辆将无法前进。

火车也是依靠主动轮推铁轨前进的。如果天气特别冷，铁轨可能会结冰，从而变得非常滑。这时，人们会向铁轨里喷沙子，以增加摩擦力，让主动轮对铁轨施加足够的向后的力，从而使铁轨给主动轮施加足够的向前的反作用力，让火车正常行驶。轮船依靠螺旋桨前进，螺旋桨把水向后推，水向前推螺旋桨，从而使船前进。直升机上升或悬停，也是依靠螺旋桨向下推动空气实现的。

由此可见，物体无论在何种介质中运动，都需要依靠介质。如果没有介质的支撑，要想运动，就如同抓着自己的头发把自己提起来，无法成功。

　　我们骑自行车时，左右脚轮流踩脚踏板，带动后轮转动，后轮就是主动轮。后轮一旦转动起来，与地面接触的点就会给地面一个向后的力，地面也会给后轮一个向前的力，前轮随之运动，所以前轮就是从动轮。

# 火箭的飞行原理

　　近年来，中国航天事业进入创新发展的"快车道"。从"嫦娥探月"到"天问探火"，从北斗服务全球到空间站开门纳客，一枚枚火箭拔地

而起，一颗颗"中国星"闪耀苍穹。那么火箭的飞行原理是什么呢？有人认为，火箭之所以能高速飞行，是因为燃料燃烧产生了大量气体，推开了旁边的空气。但是，当火箭处于真空的环境中，没有了空气的阻力，反而能够飞得更快！显然，前文中对火箭飞行原理的猜测就站不住脚了，这说明火箭能够飞行另有原因。

有一种鞭炮叫作"钻天猴"，它的结构特别简单：一根长木棍上面装有一根火药管，点燃火药，气体就会向下喷出去，火药管就会带着长木棍向上冲，直奔天空。火箭之所以能飞上天空，不是"推开了旁边的空气"，而是燃料燃烧产生了大量向下喷射的气体，相当于火箭把这部分气体向下喷出去，自己就向天空飞去。

如果大家有射击的经历，就会知道，手枪等手持武器在发射时，子弹向前飞，枪托会对人产生一个向后的力，我们称之为"后坐力"。炮弹发射时的情景也是类似的：炮弹向前飞，炮身却会向后移动。这背后的原理也是相互作用力，大家有机会可以去射击馆试一试。不过千万要注意安全，一些枪械的后坐力还是很大的！

# 乌贼神奇的运动方式

　　乌贼是一种神奇的动物，它的身体侧面有很多小孔，前端还有一个漏斗状器官。乌贼利用这种身体构造，先把水吸进腮腔内，再通过漏斗状器官把水喷出体外。水流的反作用力会让乌贼获

得向前的推力并快速移动。此外，乌贼还可以调整水流的方向，获得不同方向的反作用力，灵活地向任意方向运动。

　　不止乌贼，章鱼、鱿鱼等头足类动物都是这样在水里运动的。一些其他的水生动物，比如水母、蜻蜓的幼虫，也采用类似的运动方式。

**物理老师这样说**

　　科幻电影里常有类似的场景：人类一旦离开了飞行器，要想在太空中进行短距离移动，就要穿上带有小型助推器的宇航服。当助推器里的气体向后喷出时，人就可以利用气体的反作用力向前移动。

# 一条令人费解的定律

　　在牛顿提出的力学三大运动定律中，最让人难以理解的可能就是"牛顿第三运动定律"，也就是作用力与反作用力。很多人甚至会质疑这条定律。对于相对静止的物体，我们可以很容易地理解力的作用与反作用；但对于运动的物体，我们理解起来就不那么容易了。定律认为"作用力等于反作用力"。我们可以想象这样一个例子：马拉车，马向前走时，马向前拉车的力等于车向后拉马的力。这样的话，马车应该不动才对，但为什么马车还是向前运动了呢？两个方向相反的力相互作用，不是应该相互抵消吗？

　　那么这条定律是否就是错误的呢？当然不

是，这条定律本身并没有错，只是大家没有从根本上理解这条定律而已。其实，两个力的方向虽然是相反的，但由于这两个力并非作用在同一个物体上，所以不能相互抵消（一个力作用在车上，一个力作用在马上）。另外，这两个力的大小是一样的，但这并不是说，大小相同的两个力会产生同样的效果。例如，我们用大小相同、方向相同的两个力分别去推一块橡皮和一辆卡车，结果显而易见。

明白了这些，大家就能很容易地理解马车的工作原理了。对车而言，水平方向上受到马的拉力和地面的摩擦力。车原来处于静止状态，当马的拉力大于地面的摩擦力时，车就开始运动了。而对马而言，车给马的拉力始终向后，而马蹄蹬在地面上，地面给马一个向前的力，马也可以前进了。

再举一个例子。一艘船被困在了北极。冰块紧紧裹住船身，船舷被浮冰紧紧挤压，船舷也以同样大小的力作用在浮冰上。冰块可以很容易地经受住船舷的压力，但由于船身不是实心的，即便船身是用钢材铸造的，也根本无法承受冰块对它的压力。所以船身会被冰块挤破，酿成惨剧。

在自由落体运动中，牛顿第三定律同样适用。正是由于有地球的引力，苹果才会落到地面上。但同时，苹果对地球也有同样大小的引力。苹果和地球都可以被理解为落体，但下落的速度不同。苹果和地球之间的引力是相等的，苹果的速度每秒会增加 10 米 / 秒，但由于地球的质量大得多，地球的移动速度几乎不会增加。相对于地球，苹果的质量可以忽略不计，地球向苹果移动的距离也可以忽略不计。所以，我们会说"苹果落到了地上"，而不是"苹果和地球相向落下"或者"地球落到了苹果上"。

**物理老师这样说**

　　我们对物体进行受力分析时，只能分析一个物体受到的力。当然了，随着所学的知识不断增加，学习能力逐渐提升，我们可以对两个及两个以上的物体进行受力分析。在对多个物体整体进行受力分析的时候，我们可以不用考虑它们之间的相互作用力，因为对整体而言，相互作用力大小相等，方向相反，可以彼此抵消。

# 房间内的空气有多重

　　你可能觉得周围的空气应该没有什么重量。一个房间里的空气到底有多重？如果将它换算成一个物体的重量，你能用手举起这个物体吗？还是需要用肩膀扛？

　　首先，解决第一个问题：空气是否有重量？我们可以做一个小实验。准备一个打气筒、一段棉线、两只气球和一根玻璃棒（或未使用过的铅笔）。先将两只气球都充满气，确保它们的体积大致相等；再将两只气球系在玻璃棒（或铅笔）的两端并吊起来，使其保持平衡。然后，在其中一只气球的底部戳一个小孔。你会发现，漏气的气球逐渐上升，另一只气球缓慢下降。由此可见，

空气是有重量的。

其次，解决第二个问题：一个房间里的空气
到底有多重？在夏天，1升热空气的重量大约是
1.2克。而1立方米等于1000升，所以1立方
米空气的重量是1升空气重量的1000倍，也就
是1.2千克。只要计算出房间的体积，就可以估
算出房间里空气的重量了。假设一个房间的面积
是15平方米，高度是3米，那么这个房间的体
积就是45立方米。由此可以计算出，这个房间
里的空气的重量就是54千克，相当于一个中学

生的体重。因此，如果将一个房间里的空气的重量换算成一个物体的重量，我们无法用手举起这个物体，即使是用肩膀扛，也很费力。

**物理老师这样说**

　　文中提到的重量其实指的是物理学中的质量，它表示物体内所含物质的多少。比较常见的质量单位有吨（t）、千克（kg）和克（g），1吨等于1000千克，1千克等于1000克。你在菜市场经常听到的"斤"和"公斤"也是质量单位，1公斤（也就是1千克）等于2斤。

# 请站起来

现在，请你按照右图的姿势坐下，上身挺直，不要前倾，两只脚平放在地上，不要移动。试着站起来，你能做到吗？

你可能会发现，这是不可能完成的任务。不管你用多大的气力，只要你按照前面的规则做，你就不可能站起来。

这是怎么回事呢？要回答这个问题，我们需要先了解一些关于物体和人体保持平衡的知识。在物理中，如果一个物体保持静止或匀速直线运动的状态，我们就说这个物体处于平衡状态。一

个物体如果在地面
上保持平衡，就必
须满足一个条件：
从这个物体的重心
向下画一条垂线，
垂线能够落在物体
的底面范围内。只
有满足这个条件，物体才不会倒下。如图所示，
图中的斜圆柱体肯定无法保持平衡。但是，如果
圆柱体的底面足够宽，从它的重心向下画一条垂
线，垂线能够落在底面范围内，那么这个圆柱体
就能够保持平衡。著名的比萨斜塔也是如此。虽
然它看起来已经倾斜得相当厉害了，但是它没有
倒下。你可以试着从比萨斜塔的重心向下画一条
垂线，垂线一定没有超出斜塔的底面。

　　一些少数民族的女性会佩戴比较重的头饰，
她们走路时上半身挺直，看起来非常优美。从物
理学的角度分析，保持这样的姿势是有原因的：
她们将重物顶在头顶时，不得不始终让上半身保

持挺直，以保证从重心引出的垂线能够落在两脚之间。否则一不小心，他们就可能会跌倒，因为这时候人的重心更高，更不容易保持平衡。

现在，我们回到一开始的问题：为什么我们不能以那种姿势从椅子上站起来呢？一般来说，人坐下后的重心靠近脊椎，比肚脐高 20 厘米左右。那么，从重心向下画一条垂线，垂线会穿过椅子，落到两只脚的后方。我们刚才已经说过，要想站起来，必须让垂线落在两脚之间。

所以，要想站起来，通常有两种方法：身体前倾或两脚后移。前一种方法是为了使重心前移，

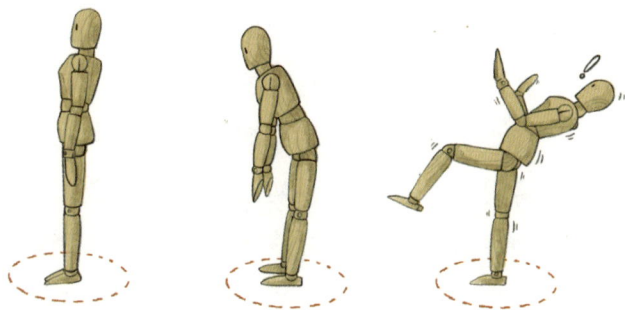

后一种方法则是为了让垂线落在两脚之间。如果我们不这么做，是根本不可能从椅子上站起来的，实验也证实了这一点。

在物理学中，为了方便研究力学问题，我们通常用一条带箭头的线段表示力。箭头方向代表力的方向，线段的端点代表力的作用点。在一张受力分析图中，线段越长，力就越大。例如，重力的方向是垂直向下的，重力的作用点叫作重心。我们一般用符号 G 来表示重力。

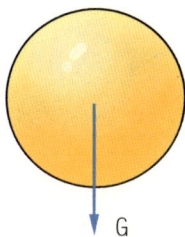

物理老师这样说

力是物体间的相互作用。如果两个力的大小、方向和作用点都相同，那么它们就是相同的，它们对同一物体产生的效果也相同。在下面三组图中，每组图中的两个力都产生了不同的效果。

力的大小不同：成年人的力气要比小孩的大

力的方向不同：一个往里推，一个往外拉

力的作用点不同：一个推门把手，一个推门中间

# 摩擦力

　　在我们生活的环境里，摩擦总是以不同的形式出现，那么，什么是摩擦力呢？

　　摩擦力是一种常见的力。当两个物体相互接触并相对滑动时，在接触面上会产生阻碍相对运动的力，这种力叫作滑动摩擦力。例如，我们推桌子时，感到很费力，这是因为桌子相对于地面滑动时，地面给桌子施加了一个阻碍桌子相对运动的力，这就是摩擦力。如果桌子相对于地面向前滑动，那地面给桌子的摩擦力就是向后的。

　　为什么相互接触的物体间会产生摩擦力呢？其实，即使物体表面看起来很光滑，但如果在显微镜下仔细观察，我们也会发现物体的表面都是凹凸不平的。当相互接触的物体发生相对运动时，它们的表面就会彼此阻碍，从而产生滑动摩擦力。

　　还有一种摩擦力是静摩擦力。如果我们推桌子的力比较小，桌子可能不会移动。虽然桌子相对于地面并没有移动，但是桌子有着发生相对运动的倾向。然而，由于地面和桌子之间的摩擦力大于推力，桌子仍然保持静止。这时的摩擦力就叫作静摩擦力。

生活中还有一种摩擦，叫作滚动摩擦。例如，车轮相对于地面滚动时，产生的摩擦就是滚动摩擦。但是，滚动摩擦力并不是一个单独的力，而是一对力作用在物体上产生的合力，这一对力可以被称为力矩。

# 增大或减小
# 滑动摩擦力的方式

　　生活中，我们总是和滑动摩擦力打交道。在学校里，我们推动桌椅时，地面会给桌椅一个滑动摩擦力；刹车时，车闸会给车轮一个滑动摩擦力；冰壶在冰面上滑行时，冰面会给冰壶一个滑动摩擦力……推动桌椅时，我们希望摩擦力能小一点儿，这样我们推起来会比较轻松；刹车时，我们希望摩擦力能大一点儿，这样车闸会更灵敏。那么，我们如何增大或减小滑动摩擦力呢？

　　这还是要从影响滑动摩擦力大小的因素说起。生活中，我们一定有这样的经验：推动一张空桌子比推动一张放满书的桌子轻松；在光滑的地面上推物体比在粗糙的地面上推物体轻松。人们发现，滑动摩擦力的大小跟接触面所受的压力有关，接触面受到的压力越大，滑动摩擦力就越大。滑动摩擦力的大小还跟接触面的粗糙程度有关，接触面越粗糙，滑动摩擦力就越大。

因此，我们知道，要想增大滑动摩擦力，可以增大接触面所受的压力，也可以使接触面更粗糙。例如，我们在骑自行车刹车时，可以用力捏闸，这样自行车就能更快地停下来。刹车片上的花纹会使接触面变粗糙，滑动摩擦力变大，如果刹车片的花纹被磨平了，我们要及时更换。而要想减小滑动摩擦力，可以减小接触面所受的压力，也可以使接触面更光滑。例如，在推动桌椅时，我们如果稍微把桌子往上抬，就会觉得桌椅推起来更轻松，这是因为稍微抬起桌子后，地面所受的压力就会减小，滑动摩擦力也会相应减小。在冰壶运动中，运动员会快速擦拭冰面，这样冰面就会变得更光滑，滑动摩擦力就会减小。

　　在很久以前，人们就已经发现用滚动代替滑动可以大大减小摩擦力。例如，在搬运巨大的石块时，人们会把圆木垫在石块下方用来减小摩擦力。现代许多机器的转动部分都安装了滚动轴承。滚动轴承的内外圈中间装有许多光滑的钢球或钢柱，轴承转动时，钢球或钢柱在内外圈之间滚动，就能大大减小摩擦力。

　　我们如果使两个互相接触的表面隔开，也能减小摩擦力。气垫船就是利用压缩空气将船体与水面隔开，从而大大减小摩擦力的。

# 如果摩擦力消失了

在我们的生活中，摩擦力总是以不同的形式出现。假如有一天摩擦力消失了，很多我们早已习以为常的现象恐怕会变成另一番模样。

摩擦力消失以后，我们可能会趴在地上起不来，甚至连墙都扶不住。我们的手无法拿住任何东西，不能拿着书看，书刚放到桌面上可能就滑走了；墙上的钉子会掉下来，黑板上再也写不了粉笔字；所有自行车和汽车都不能行驶；我们脚下的这片土地会像海洋一样流动，很多东西都随之滑落、滚动；而旋风一旦刮起来，就停不下来。这真是太恐怖了！

想想看，当我们走在结冰的道路上时，为了

让自己能够站稳不摔倒，我们花了多少力气，做了多少滑稽的动作呢？一旦在结冰的道路上摔倒了，爬起来可就太困难了。在这样的道路上骑自行车或者开车都是非常危险的，因为冰面上摩擦力比较小。运动员在参加单杠比赛时，会在手上涂抹镁粉，这其实是为了增大摩擦力，以便更容易抓住单杠，不容易滑下来。多亏有摩擦力这位老朋友，它一直默默无闻地陪伴着我们，帮助着我们。

**物理老师这样说**

生活中，有些摩擦力是有益的，有些则是有害的。有益的摩擦力能够帮助我们拿住物体，比如我们拿起手中的书、翻页，这些动作都需要摩擦力的帮助；我们把书放在桌面上，不用担心它们会从桌面上滑走，这也是摩擦力的功劳。而有害的摩擦力，比如机器工作时，部件之间产生的摩擦，不仅白白消耗动力，还会对机器造成磨损。

# 天鹅、梭子鱼和大虾

有一则寓言名为《天鹅、梭子鱼和大虾》，故事是这样的：

有一天，天鹅、梭子鱼和大虾共同去拉一辆装着货物的大车。它们三个套上车，拼命把车往前拉，可车却一点儿都没挪动！货物其实并不沉重，但是天鹅要往天上飞，大虾往后退着走，梭子鱼往那水里游。哪个错，哪个对，我们暂且不讨论，只是车至今没挪动！这个故事告诉我们如果大家心不齐，办事一定不顺利，不仅不成功，反而活受罪。

故事中的天鹅向天上拉车（拉力 OA），梭子鱼向水里拉车（拉力 OB），大虾后退着拉车（拉

力 OC），三只动物一起用力拉车，车却停在原处。
但我们如果从物理学的角度考虑这个问题，可能
会得出与故事完全不同的结论。

　　"车停在原处"意味着车处于平衡状态，那么
车所受的合力应该为零。但车究竟受到几个力的
作用呢？我们知道，由于地球的吸引，车受到垂
直向下的重力，地面垂直向上的支持力，三只动
物的拉力，还有摩擦力。往上飞的天鹅对车的拉
力和车的重力方向相反，这使地面给车的支持力

减小，进而减小了车轮与地面的摩擦力，天鹅实际上帮助了大虾和梭子鱼。

　　为了方便读者理解，我们假设车非常轻，它受到的重力非常小，甚至等于天鹅的拉力，这样地面给车的支持力就为零，车在水平方向就不受摩擦力了。这样就只剩下大虾和梭子鱼的两个拉力了。如图所示，大虾和梭子鱼的两个拉力之间互成角度。只要这两个力之间所成的角不是180度，它们的合力就不会是零。

　　根据力学原理，以拉力 OB 和拉力 OC 为边，画一个平行四边形，这个平行四边形的对角线 OD 就代表了这两个力的合力的大小和方向。只要合力不为零，动物们是可以拉动车的。至于车会向哪个方向移动，这就要由几个力之间所成的角度和相互关系来决定了。

　　如果对力的合成和分解有一定的了解，读者就会发现，即使天鹅的拉力和车的重力不完全相等，车也不会停留在原地。因为只有当车轮、地面和车轴三者之间的摩擦力比几只动物的合力都大的时候，车才不会被拉动。当然了，装满货物的大车可能非常重，三只动物本就拉不动，但如果车对三只动物来说非常轻，从受力分析的角度来说，它就有可能被拉动。

物理老师这样说

　　一个箱子堵在路上，两个小朋友一个在前面拉，一个在后面推，一起用力把它推走了，而一个大人就可以把箱子推走。也就是说，两个小朋友施加的两个力（$F_1$、$F_2$）的效果和一个大人施加的一个力（$F$）的效果相同，在物理学上，我们就说 $F$ 是 $F_1$ 和 $F_2$ 的合力，$F_1$ 和 $F_2$ 是 $F$ 的分力。

# 蚂蚁们的合作

　　前文中的寓言出自《克雷洛夫寓言》，克雷洛夫想通过这则寓言讲述一个道理："如果伙伴们之间的意见不能达成一致，他们将一事无成。"他的想法虽然很好，但从物理学的角度来看，这则寓言其实存在疏漏：几个力或许不是朝着同一个方向，但还是可能会产生一定的效果。克雷洛夫还曾经称赞蚂蚁为"模范工作者"。你知道勤劳的蚂蚁是怎样工作的吗？它们就是按照这位寓言作家讽刺的方式协同工作的，而且它们总能顺利完成工作，这就是力的合成规律。

　　你如果仔细观察正在工作的蚂蚁，就会发现：实际上，蚂蚁之间并没有进行合作，它们都是自顾自地埋头苦干。有位动物学家对蚂蚁的工作方式进行了详细描述。

　　如果一群蚂蚁在一条没有阻碍的路上一起拉一个物体，这些蚂蚁都会向同一个方向用力，看起来好像在齐心协力地工作。但当它们遇到草根、石子等障碍物，需要拉着物体拐弯的时候，你就会发现，其实每只蚂蚁都自顾自地前进，并没有齐心协力地拉着物体绕过障碍物。虽然它们会不停地变换位置，但每只蚂蚁都自己决定是推还是拉，方向更是东南西北都有，毫无规律。有时，还会出现这样的情况：4只蚂蚁推着物体向东走，6只蚂蚁却向西拉，由于4只蚂蚁终究抵不过6只蚂蚁的力量，所以这个物体就朝着6只蚂蚁的方向移动了。

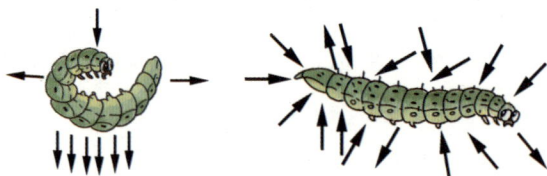

蚂蚁搬运毛毛虫时可能出现的情况

我们还可以找到另外一个例子来说明蚂蚁其实不会合作。如图所示，一群蚂蚁正拉着一块长方形的干奶酪，奶酪沿着箭头 A 的方向移动。如果蚂蚁是"齐心协力"工作的典型，那么前面一排的蚂蚁应该在拉奶酪，而后面一排的应该在推，两边的蚂蚁是在帮助前后排奋力工作的蚂蚁。然而，实际上并非如此，你如果用小刀把后面那排蚂蚁隔开，就会发现奶酪移动得更快，因为后面的蚂蚁根本不是在向前推，而是在往后拉，所以后排的蚂蚁在帮倒忙。

　　马克·吐温在很早的时候就注意到了蚂蚁的工作特点。他曾经讲过一个关于两只蚂蚁的故事。

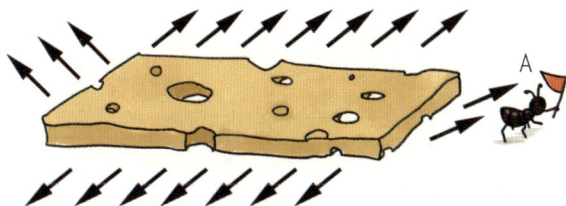

一群蚂蚁是这样搬运一块干奶酪的

有两只蚂蚁运气很好，找到了一条蚱蜢腿。两只蚂蚁各自咬住蚱蜢腿的一端，都拼尽全力地拉。不过，它们似乎觉察到了有哪里不对。原本两只蚂蚁应该一起拉蚱蜢腿，结果却变成了相互争夺，最终它们打起架来……过了一会儿，它们终于明白了过来，和解了。之后，它们重新开始一起去拉蚱蜢腿。但因为打了一架，一只蚂蚁受伤了，它成了累赘，可它不愿意放弃这道"美味"，于是就吊在蚱蜢腿上。这下可好了，那只健壮的蚂蚁不得不花费更大的力气把食物拉回洞穴。

**物理老师这样说**

　　如果两个小朋友同时向同一个方向推箱子，一个用 10 牛顿的力，另一个用 30 牛顿的力，那么两个小朋友的合力就是 40 牛顿。而如果两个小朋友同时向相反的方向推箱子，一个用 10 牛顿的力，另一个用 30 牛顿的力，那么两个小朋友的合力就是 20 牛顿，方向和第二个小朋友的施力方向相同。

　　总结：两个力的方向相同，那么两个力的合力就是两个力的和；两个力的方向相反，那么两个力的合力就是两个力的差，方向和较大的那个力的方向相同。

# 怎样把鸡蛋竖起来

有人认为，蛋壳上有许多高 0.03 毫米左右的突起，三个突起可构成一个三角形的平面，如果从鸡蛋的重心向下引出一条刚好能够通过这个三角形的垂线，鸡蛋就可以竖起来了。但是，大家在操作的过程中会发现，这个三角形其实非常小，要把鸡蛋竖起来并不容易。

怎样才能让鸡蛋更容易竖起来呢？首先，要挑选一头大一头小的鸡蛋，竖蛋时使大头朝下，这样鸡蛋的重心比较低，像不倒翁一样，比较容易保持稳定。其次，要找到合适的支持面，在光滑的瓷砖上很难把鸡蛋竖起来，但在宝宝用的爬行垫上就比较容易。最后，竖蛋时手要稳，尽量不颤抖。

如果鸡蛋还是很难竖起来，可以轻轻甩一甩鸡蛋，把蛋黄甩到较大的一头去，让鸡蛋的重心变低。还可以利用陀螺原理，让鸡蛋旋转起来，只是撒开手以后，旋转的鸡蛋持续不了多久就会倒下。注意，这个方法只适用于熟鸡蛋，生鸡蛋是不容易转起来的。

**物理老师这样说**

早在4000多年前，中国就有了春分竖蛋的传统，在春分这一天把鸡蛋立在桌子上，庆祝春天的来临。是不是只有在春分这一天才能把鸡蛋竖起来呢？答案当然是否定的。不同的季节只会影响太阳和地球的相对位置，而太阳对鸡蛋的引力比地球对鸡蛋的引力小得多，鸡蛋能否竖起来跟季节的关系非常小。

# 行走与奔跑

　　我们每天都要行走或奔跑，很多人认为这是理所当然的事情，但是，有多少人知道行走和奔跑时，我们的身体是怎样移动的呢？行走和奔跑这两种运动有什么不同呢？我们可以先看看生理学家是怎么定义行走和奔跑的，相信对大多数人来说，这样的描述还是很新鲜的。

　　假设一个人用右脚站在地上，抬起左脚，保持平衡。他如果想向前移动，就需要向前倾斜身体，身体的重心要明显超出右脚所覆盖的范围。然而，他一旦这样做，就会失去平衡，但如果他及时向前伸出左脚，使左脚超过身体的重心，并让左脚落到地上，那么这时，身体的重心线就又落到了两脚之间，他也就恢复了平衡，并前进了一步。他如果想继续前进，就要重复这样的动作：抬起一只脚，让身体前倾，使身体的重心线越过站立的那只脚，保持前倾的姿势，让抬起的脚落下，恢复平衡。人不停地重复这一动作，就会一步一步地前进。所以，行走就是反复地失去平衡和恢复平衡的过程。

人在走路时的连续动作

接下来，我们来看一看人在走路时双脚的动作，以及它和奔跑时的动作的区别。如下图所示，上面的线 A 代表一只脚，下面的线 B 代表

93

另一只脚。直线代表脚与地面的接触时间，弧线代表脚离开地面的时间。从图中我们可以看出，在时间段a里，两脚同时站在地上；在时间段b里，脚A在空中，脚B在地上；在时间段c里，双脚同时在地上……前进的速度越快，时间段a和c就越短。

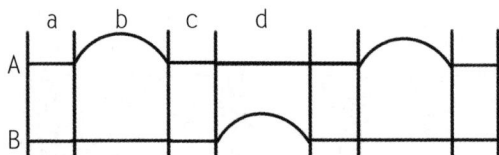

A、B分别代表人在走路时双脚的运动轨迹

我们可以再深入地思考两只脚的动作。当我们迈小步时，站立的脚还没有离开地面，前进的那只脚就落到了地面上。如果前进的步幅比较大，站立的那只脚的脚跟就会抬起，使身体前倾，失去平衡，这时，前进的那只脚跟先着地。当前进的那只脚落到地上，站立的那只脚就立刻离开地

人在跑步时的连续动作

面。在股四头肌的作用下，前进的腿瞬间从略微弯曲的状态变为伸直的状态。迈出第二步时，站立的那只脚的脚跟落下，另一只脚离开地面向前移动，我们就跑起来了。

从下图可以看出，人奔跑时存在双脚同时腾空的瞬间（b、d、f）。也就是说，人本来是站在地面上的，通过肌肉突然收缩，一只脚向前有力地"弹出"，整个身体被向前抛，身体在瞬间全部离开地面。在身体腾空的阶段，另一只脚迅速地向前迈，并支撑整个身体。所以，跑步其实就是一连串的飞跃和落地。

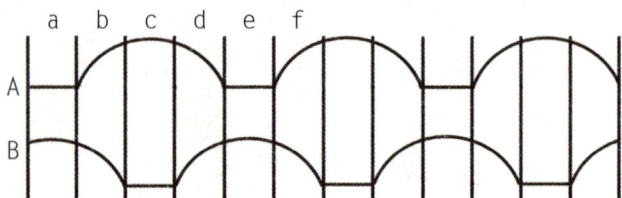

b、d、f 是人在跑步时双脚悬空的时间段

## 物理老师这样说

　　曾经有人认为，人在平地上走路时，消耗的能量为零，其实不然。人在走路时，每走一步，重心至少都要上移几厘米。通过计算，我们可以得出，人在平地上走路时所消耗的能量大约是把他提升到与前进距离相等的高度时消耗能量的 $1/15$。

# 降落伞

我们在电视上会看到运动员跳伞时的情景。为什么伞打开之前运动员下落的速度比较快，而伞打开之后运动员下落的速度就慢下来了呢？这跟空气阻力有关。

我们来做一个小小降落伞。首先，准备一张纸（如 A4 纸、草稿纸、报纸），剪一个直径 10 厘米的圆形作为伞面，并在伞面中间剪一个直径 2 厘米的孔。然后，在伞面的边缘打几个小洞，并在每个小洞里穿一根线，线的长度要相等。最后，将所有线的另一端系在一个重量较轻的物体上，这样降落伞就做好了。

在安全无风的环境中，我们可以站在椅子上，松开手释放降落伞。你会看到重量较轻的物体拉紧绳子，同时伞面张开，整个降落伞缓缓地降落，最后轻轻落在了地上。这表示降落伞制作成功。如果有风，即使是微风，降落伞也可能会被吹到空中，甚至可能会随风飘到很远的地方。如果降落伞的伞面非常大，它下面就可以放一个更重的物体。

在无风时，降落伞会慢慢地降落，这是由于空气阻力在发挥作用。如果没有降落伞，运动员就

会以非常快的速度落到地上。此外，降落伞的伞面越大，空气阻力的作用就越明显。因此，宇宙飞船返回地球时，返回舱顶部也会配备一个大型降落伞，以减缓返回舱的着陆速度。

**物理老师这样说**

　　灰尘一般是由石头、黏土、金属、树木或煤等物质的微粒组成的，它们比空气重几百倍甚至几千倍。从理论上讲，只要是比空气重的物体，不管是固体微粒还是液体微粒，都会在空气中"下沉"，但灰尘能飘浮在空气中，这是因为灰尘微粒的表面积较大，在空中就像降落伞一样。有风时，风甚至能将灰尘吹到更高的空中。

# 往下扔的礼物

假设你从飞机上望向窗外，发现学校就在下面，你想将礼物扔给站在操场上的同学们，是不是只要在飞机飞到操场正上方时将礼物扔下去就可以呢？

事实并非如此。当你扔出礼物时，站在操场上的同学会发现礼物和飞机就像被一条看不见的绳子连在一起似的，一起继续往前飞行。礼物落到地面时，可能已经跟操场相距很远了。

一切物体都具有惯性，简单来说，就是物体会保持原来的运动状态。礼物在被扔下来之前，是跟着飞机一起飞行的。当礼物被扔下飞机后，它还是会保持原来的速度继续向前飞行。如果你从飞机上往下看，礼物会一直位于你的正下方！但是，由于重力的作用，礼物会同时向下做自由落体运动。

这两种运动叠加起来，就会使礼物沿着一条曲线向斜下方运动，这条曲线叫作"抛物线"。

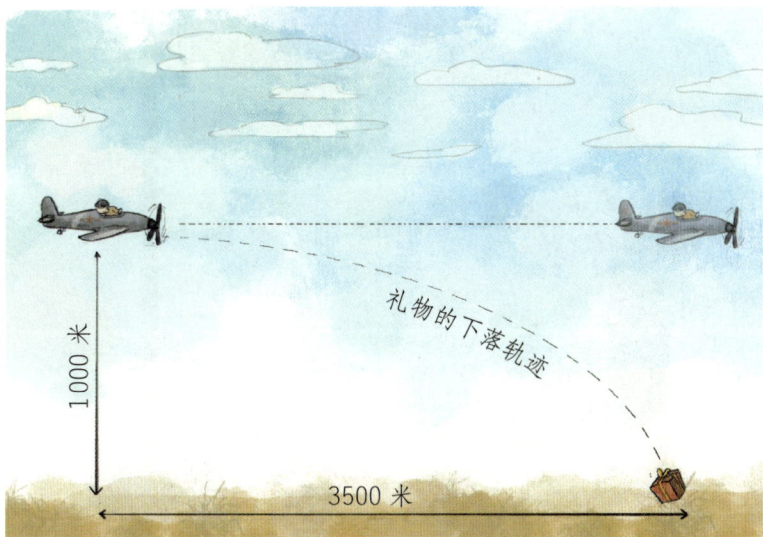

礼物的下落轨迹

1 000 米

3500 米

从飞行中的飞机上扔下的礼物，
它的运动轨迹不是竖直的，而是一条曲线

所以，你的同学看到的礼物的运动轨迹就像投篮时篮球的运动轨迹一样，沿抛物线运动，最后落到地面上。

在前面的分析中，我们并没有考虑空气阻力和飞机速度的影响。因为在研究物理问题时，为了方便思考和研究，我们常常会忽略次要因素，建立一个更简单的模型。例如，在研究一位同学跑 1000 米的速度时，我们并不需要知道他长多高、胳膊有多长。因为对跑步速度来说，身高、体形都是可以忽略的次要因素。不过，要想研究一列火车通过隧道的时间，火车的长度就不能忽略不计了。

# 在车厢里往上跳，
# 你会落在哪儿

　　假设你站在一列正在匀速行驶的火车车厢里，让手中的苹果垂直掉落。猜一猜，苹果会掉落在正下方，还是掉落在靠前或靠后的位置？

　　答案应该是"正下方"，因为你和苹果都随着火车在做匀速运动，由于苹果具有惯性，掉落时会继续做匀速运动，和火车保持相同的运动状态。因此，苹果会掉落在正下方。同样地，假设火车的行驶速度是 36 千米 / 时，你站在火车车厢里往上跳，如果你在空中停留了一秒，那么当你落地时，你会落在哪里呢？是落在起跳的位置，还是落在前面或后面？

答案应该是"落在起跳的位置"。虽然车厢在前进，但是由于你具有惯性，你也在前进，并且你的前进速度跟车厢的速度相同，所以你会落在起跳的位置。

物理老师这样说

假如你停留在空中的那一秒里，火车突然加速，那么你落地时，就会落在起跳位置的后面。因为你跳起来后，还是保持火车加速前的速度向前运动，而火车则向前加速，所以你就会落在起跳位置的后面了。同样地，如果你停留在空中的那一秒里，火车突然减速，你就会落到起跳位置的前面。

# 杯子里的鸡蛋

观看杂技表演时，我们经常会看到演员迅速把桌子上的桌布抽出来，但桌子上的东西（比如盘子、杯子或者瓶子）仍然留在桌子上！其实，这并不是魔法，大家经过练习后，也可以把下面这个简单的杂技表演给你的爸爸妈妈看，他们一定会为你鼓掌的！

向一个透明的玻璃杯中倒入半杯水，将一张

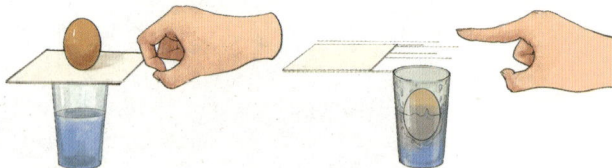

硬纸板盖在玻璃杯上，在硬纸板上放一个鸡蛋，用食指迅速把硬纸板弹出去，鸡蛋是会随着硬纸板一起飞出去，还是会掉进杯子里呢？

假如你的动作足够熟练，鸡蛋会完好无损地落进下面的杯子里。在硬纸板被弹出去的瞬间，鸡蛋从弹出去的硬纸板那里无法获得太快的速度，或者你也可以认为鸡蛋具有惯性，还"想"保持原来静止的状态，所以鸡蛋并不会随硬纸板飞出去，而是会落进下面的杯子里。杯子里的水会减弱鸡蛋下落的冲击力，因此蛋壳不会破损。所以某些看起来"惊险"的杂技还是非常容易成功的！

如果你一开始失败了，也千万不要气馁！也许是因为你弹出硬纸板的速度不够快，你可以用一枚硬币代替鸡蛋再多练习几次，或者换一张更容易弹出去的硬纸板。多试几次，你一定会成功的！

感兴趣的同学还可以做这样一个实验：在桌面上放一张长一点儿的硬纸板，在硬纸板上放一枚硬币，第一次非常快速地将硬纸板抽出，第二次用中等速度将硬纸板抽出，第三次缓慢地将硬纸板抽出，看看硬币掉落的位置有什么不一样。这个实验能帮你更好地理解，为什么要快速地将硬纸板弹出，鸡蛋才能落在杯子里。

# 绝妙的旅行

　　1652 年，法国作家西拉诺·德贝尔热拉克在《月球上的国家史》中描述了一次非常奇妙的旅行：主人公做实验时突然升到了空中，在天上飘了几个小时后才降落。令他惊奇的是，他并没有回到法国，甚至没有降落在欧洲，而是降落到了加拿大。在这几个小时里，他跨越了整个大西洋。主人公认为这是地球自转造成的：当他飞到空中时，地球正在自西向东自转，所以，当他从空中落下时，地球已经转了一定的角度，他的下方就变成了美洲大陆，而非法国。

　　这个旅行故事听起来似乎很有道理。我们不需要花钱，只要在空中停留一会儿，就可以去往另一个地方。有了这个方法，我们根本不用穿越海洋或者大陆，只要升到空中，等着地球转动一定的角度，到达目的地后再降落就可以了。

　　然而，这种"经济"的旅行方式不过是一种幻想。因为即便升到空中，我们仍然处于随地球自转的大气层之中。我们都知道，大气层包裹着地球，在地球自转的时候，大气层会跟着地球一起转动，大气层中的云、飞机、鸟、昆虫等都会随之转动。如果大气层没有随地球一起转动，我们恐怕就要整天生活在强风之中了，这种强风可比猛烈的飓风厉害多了。其实，我们站在地上让风吹过身体，和我们跟着空气一起运动，本质上是一样的。在无风的天气，如果一个人骑着摩托车以 100 千米 / 时的速度前进，他会感觉到迎面吹来强劲的风。

　　即使地球外部不存在大气层，我们也不可能像小说中那样旅行。我们离开地面时，由于具有惯性，仍会保持原来的运动状态，而原来我们随着地球一起自转，有水平速度。因此，在短时间内离开地面再降落时，我们还是会落到原来的位置附近。这就像在火车上跳起来一样，落下时，我们还是会落到起跳的位置。需要说明的是，当我们跳起来的时候，惯性会让我们沿着地球的切线运动，而非绕着地球自转的弧线运动，但是由于跳起来的时间很短，距离差可以忽略不计。

111

# 怎样分辨熟鸡蛋
# 和生鸡蛋

在不打开鸡蛋的情况下，你知道如何分辨鸡蛋是生的还是熟的吗？其实，我们只要学习了力学知识，很容易就能分辨出来。

我们可以将鸡蛋放到平底盘上，用手旋转鸡蛋。如果鸡蛋是熟的，那么它就会快速地旋转，而且旋转的时间也比较长；相反，生鸡蛋则很难旋转起来。如果鸡蛋煮的时间比较久，那么它旋转的速度会更快，甚至能像陀螺一样，尖的那一头立起来并旋转。

为什么会这样呢？当生鸡蛋旋转时，里面的液体会因为惯性而阻碍旋转，生鸡蛋一边旋转一边"刹车"，自然无法保持稳定。而熟鸡蛋是实心的，液态的蛋黄和蛋白已经凝固成一个整体，也就是说，熟鸡蛋内部没有生鸡蛋那样的阻力，所以旋转得更顺畅。

生鸡蛋和熟鸡蛋从旋转到停下来的过程，也是不一样的。如果用手轻轻地捏住正在旋转的熟鸡蛋，它就会立即停下来；而生鸡蛋即使在被捏住时停下来了，但只要你一松手，它还是会继续旋转一会儿。这是因为你只是捏住了蛋壳，里面液态的蛋白和蛋黄由于惯性仍在旋转。

还有一种方法也能帮助我们分辨熟鸡蛋和生鸡蛋。用两个橡皮圈套在生鸡蛋和熟鸡蛋的最长

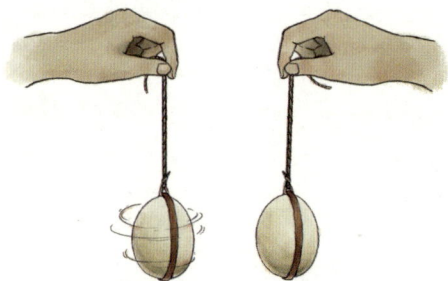

周长上，再把两个鸡蛋分别挂在长度相同的线上。将这两条线扭转相同的圈数，然后同时停手，你就会发现：熟鸡蛋转了一定圈数后会反方向继续旋转，并且反复几次；生鸡蛋只能转两三圈，会比熟鸡蛋更早地停下来。这个方法也利用了惯性的原理。

## 物理老师这样说

　　惯性是物体保持原来运动状态不变的性质。例如，跳远运动员快速助跑后飞身一跃，惯性让他在空中还能继续前进，从而跳得更远。惯性有时也会给人带来危险，比如司机开车时没有系好安全带，急刹车时司机的身体会因惯性继续向前运动而撞上挡风玻璃。

# 到底有多重

在用体重秤称体重时，双脚要踩在体重秤上，并保持身体直立，否则得到的结果可能会不准确，因为你的动作会影响体重秤的示数。例如，你在称体重时弯腰或举手，体重秤上的示数就会随之变化。你也可以做一做其他的动作，观察体重秤示数的变化规律。

当你弯腰时，上半身的肌肉会向上拉动下半身的肌肉，你对体重秤表面的压力就会减小，体重秤的示数也会变小。反过来，如果你突然向上举起手臂，你的身体需要给上半身肌肉一个向上的力，上半身的肌肉会向上运动，这样上半身肌肉就会给你的身体一个向下的力，你就会对体重秤表面产生额外的压力，体重秤的示数就会变大。如果体重秤特别灵敏，那么哪怕是微小的动作也会影响示数，在你举起手的瞬间，肩部的肌肉会向下压肩头，体重秤所受的压力也会增加，体重秤的示数就会比你的实际体重大。当举起的手停在空中时，肩部的肌肉就会反作用于肩头，提升肩头，从而减轻你对体重秤表面的压力，体重秤的示数又会比你实际的体重小。反过来，如果把手迅速放下来，示数会偏小，但当手完全放下后，示数又会增大。

　　我们可以运用物理学中对物体进行受力分析的方法来解释这一现象。当我们一动不动地站在体重秤上，会受到两个力的作用，一个是垂直向下的重力，一个是向上的支持力，在这两个力的作用下，我们处于静止状态，这两个力的大小就是相等的。向上的支持力是体重秤施加给人的，同时，人也会施加给体重秤一个向下的压力，前面我们提到这两个力是作用力与反作用力，大小是相等的。由此我们知道，当我们在体重秤上保持静止的状态时，重力的大小和人施加给体重秤的压力的大小是相等的，我们看到的体重秤示数实际上就是我们给体重秤的压力大小，即重力＝支持力＝压力。一旦我们不是静止地站在体重秤上，而是弯腰或者举起手臂，此时，虽然体重秤施加给人的支持力与人施加给体重秤的压力依然相等，但是我们的重力和体重秤施加给我们的支持力就不再相等了，也就是重力≠支持力＝压力，因此体重秤上的示数自然就不等于我们的实际体重了。

　　大家在乘坐直梯的时候可能会有这样的体验：当直梯刚刚起步，加速上升时，我们会感觉脚底受到一个比较大的力在推着我们向上走，而等直梯快要到达的时候，它就会减速，我们会感觉脚底似乎快要和直梯分开了，而我们的头也会晕晕的。实际上，这和我们在体重秤上是一样的道理，当我们向上举起手臂的时候，似乎也觉得自己和体重秤要分开了，体重秤上的示数自然就会小一些。这意味着，体重秤施加给我们的支持力变小了。

# 引力到底有多大

掉落的雨滴、飘落的树叶、扔出去的篮球……生活中的很多现象都告诉我们地球对物体有吸引力。其实，物体之间也会相互吸引，虽然我们看不到物体彼此吸引的现象，但是吸引力却是真实存在的，这个力叫作万有引力。你也许会有疑问，为什么物体不会因为万有引力而紧紧贴在一起呢？

其实，万有引力的大小和物体的质量有关。如果物体的质量很小，那么它们之间的引力就很小。例如，两个相距 2 米、体重约 60 千克的人之间的引力大约只有 0.006 毫克的物体那么重——10 000 个这样的物体的总重量相当于一根大头针，由此可见，两个人之间的引力有多小。而地面与脚底之间的摩擦力远大于两个人之间的引力，这么小的引力自然无法使我们移动。所以，我们察觉不到地面上各种物体之间的引力也就不奇怪了。

再举个例子。水面上有两艘大船，假设它们的质量都是 25 000 吨，当它们相距 100 米时，引力只有 400 克的物体所受的重力那么大，相当于两个中等大小的苹果的重量。显然，这么小的引力根本不可能使两艘大船靠近。

但是，在宇宙中，天体之间的引力却大得惊人！例如，虽然海王星几乎处在太阳系的边缘，距离地球非常遥远，但地球依然能感受到来自海王星的引力。同样地，太阳距离我们也非常遥远，但由于引力的作用，地球能够始终在轨道上围绕着太阳运转。假如有一天太阳对地球的引力消失了，地球就会沿着运转轨道的切线飞向漫无边际的宇宙，再也不会回来了。

　　自然界中任何两个物体都能相互吸引，引力的方向在它们的连线上，引力的大小与两个物体的质量的乘积成正比，与它们之间距离的平方成反比，这就是牛顿提出的万有引力定律。因此，我们知道，物体质量越大，它们之间的万有引力就越大；如果物体质量比较小，物体之间的万有引力就比较小，有的甚至小到忽略不计。

# 物体在什么地方
# 会更重

　　我们知道，地球上的每一个物体都受到地心引力的作用。如果把物体举高，地心引力就会减小。例如，把一个在地面上重1牛顿的砝码拿到离地面6400千米的高空（地球半径大约是6400千米），也就是说，砝码离地心的距离是地球半径的两倍。那么这个砝码和地球之间的引力只有在地面时的1/4。换句话说，如果在6400千米的高空称这个砝码，它的重力只有0.25牛顿。根据万有引力定律，计算地球和物体之间的引力，常把地球的质量集中在地心，引力的大小与距离的平方成反比。刚才这个例子中，砝码离地心的距离是地球半径的两倍时，引力大小就是原来的（1/2）$^2$，也就是 1/4。如果把砝码放在 12 800 千米的高空，也就是说，砝码离地心的距离是地球半径的 3 倍，此时引力就只有原来的（1/3）$^2$，也就是 1/9，在这个高度称砝码，它的重力就变成了 0.111 牛顿。

那么，是不是说，物体离地心越近，它受到的引力就越大呢？还是以砝码为例。砝码在地下越深的地方，它的重力是不是就越大呢？很遗憾，这个推论是错误的。砝码在地下越深的地方，它的重力反而越小。我们该怎么解释这一现象呢？

如下图所示，在地面以下，对砝码产生引力的物体把砝码包裹在其中，而不是在砝码的某一方向上。我们可以看到，位于地面以下的砝码受到两个力的作用：位于砝码之下的石头、岩浆等对它的引力，以及包裹在砝码之外的石头对它的引力。

通过前人的理论推导，我们可以知道，对地面以下的砝码产生引力的只有砝码下面的"球

引力向上

地心
×
引力向下

体", 这个"球体"的半径就是砝码和地心之间的距离。砝码离地心越近, 它的重力就越小。如果砝码位于地心, 砝码和地心之间的距离就是零, 这时砝码的重力就是零, 也就是说, 砝码没有任何重力! 这听起来非常神奇, 不过事实确实如此, 因为砝码四周的石头、岩浆等对砝码产生的引力完全相等, 彼此抵消, 那么砝码受到的引力就为零了。因此可以说, 物体在地面上的重力是最大的, 在高空或地下, 它的重力都会变小。

我们一般会认为重力等于万有引力。实际上，由于地球的自转，万有引力会比重力稍大一点儿。另外，前文中我们认为地球的密度是相等的，实际情况并非如此。越靠近地心的地方密度越大，所以物体在深入地下的过程中，重力一开始是增加的，到了一定值后才会变小。

# 用一根钢缆
# 连接地球与太阳

假如太阳对地球的引力消失了，地球会飞到遥远的宇宙中去。为了避免这种情况，我们可以设想一种解决方案：用结实的钢缆代替看不见的引力，连接太阳和地球，让地球继续按照原来的轨迹绕着太阳运转。

事实上，一根每平方毫米能承受 100 千克拉力的钢缆已经非常坚固了。假设我们将这根钢缆变成一根直径 5 000 米的大钢柱，它的横截面面积大约就是 20 000 000 平方米，2 000 000 000 000 吨重的物体才能拉断这根钢柱！要想连接地球和太阳，并让地球绕着太阳转，需要 200 万根这样的钢柱！当 200 万根大钢柱均匀分布在地球表面（每两根钢柱之间的空隙只比钢柱直径大一点儿），它们能够覆盖面向太阳的那半个地球！试想一下，要想拉断这样大的一座"钢铁森林"，得需要多大的力量！

由此可见，尽管我们看不见太阳与地球之间的引力，但它却非常巨大！即使是这么强大的力量，也只能使地球运行的轨迹稍微变弯，让地球每秒钟远离切线 3 毫米。所以，地球的质量也是难以想象得大。

**物理老师这样说**

我们在描述地球轨迹偏离时，提到了切线。在数学上，切线指的是一条刚好触碰到曲线上某一点的直线。准确地说，当切线经过曲线上的某点（即切点）时，切线的方向与曲线上该点的方向是相同的。在物理学中，如果一个物体做曲线运动，那么物体在某点的速度的方向就是这个点的切线的方向。

## 词汇表

**速度**
路程与时间之比叫做速度。

**弹性**
物体在受力时会发生形变，不受力时恢复到原来的形状，物体的这种性质叫做弹性。

**塑性**
物体形变后不能自动地恢复到原来的形状，物体的这种性质叫做塑性。

**弹力**
物体由于发生弹性形变而产生的力叫做弹力。

**质量**
物理学中，物体所含物质的多少叫做质量，通常用字母m表示。

**力**
力是物体对物体的作用。

**惯性**
一切物体都有保持原有静止状态或匀速直线运动状态不变的性质。

**超重现象**
物体对支持物的压力（或对悬挂物的拉力）大于物体所受重力的现象。

**失重现象**
物体对支持物的压力（或对悬挂物的拉力）小于物体所受重力的现象。

# 物理老师这样说
## 看得见的光和电

[俄罗斯] 雅科夫·伊西达洛维奇·别莱利曼 著

马文睿 编译　王婧瑜 绘

北京科学技术出版社
100层童书馆

**注意：** 请确保在安全环境及成人监督下进行书中所述物理实验。切勿尝试任何超出自己理解或能力的实验，以避免潜在的危险。

**图书在版编目（CIP）数据**

物理老师这样说. 看得见的光和电 / (俄罗斯) 雅科夫·伊西达洛维奇·别莱利曼著；马文睿编译；王婧瑜绘. -- 北京：北京科学技术出版社，2024.4

ISBN 978-7-5714-3266-9

Ⅰ.①物… Ⅱ.①雅… ②马… ③王… Ⅲ.①中学物理课 - 初中 - 教学参考资料 Ⅳ.① G634.73

中国国家版本馆 CIP 数据核字 (2023) 第 192789 号

---

| | |
|---|---|
| **策划编辑：** | 谭振健 |
| **责任编辑：** | 郑宇芳 |
| **封面设计：** | 刘邵玲 |
| **图文制作：** | 雷　雷 |
| **责任校对：** | 贾　荣 |
| **营销编辑：** | 赵倩倩 |
| **责任印制：** | 吕　越 |
| **出 版 人：** | 曾庆宇 |
| **出版发行：** | 北京科学技术出版社 |
| **社　　址：** | 北京西直门南大街 16 号 |
| **邮政编码：** | 100035 |
| **电话传真：** | 0086-10-66135495（总编室） |
| | 0086-10-66113227（发行部） |
| **电子信箱：** | bjkj@bjkjpress.com |
| **网　　址：** | www.bkydw.cn |
| **印　　刷：** | 天津联城印刷有限公司 |
| **开　　本：** | 787 mm × 1092 mm　1/32 |
| **字　　数：** | 70 千字 |
| **印　　张：** | 4 |
| **版　　次：** | 2024 年 4 月第 1 版 |
| **印　　次：** | 2024 年 4 月第 1 次印刷 |
| **ISBN** | 978-7-5714-3266-9 |
| **定　　价：** | 200.00 元（全 5 册） |

作为一名中学物理老师，我被问到最多的问题就是："怎样才能学好物理？"其实，物理源于生活，想要学好物理，就要先学会做生活的有心人。这意味着你需要善于观察，乐于实践，勤于思考，并学会将理论知识与实际生活联系起来。

比如，你在冬天看到水结成了冰时，思考过这是为什么吗？结冰需要什么条件？如何制作冰块？我们可以用冰来做些什么？如果你能经常这样思考，相信一段时间之后，你会对这个世界有更深的理解。

在我读初中的时候，别莱利曼的书是我最喜欢的科学启蒙读物。书中内容丰富，尽管有许多复杂的公式和计算，有些甚至达到高中和大学知识的难度，但别莱利曼独特的叙述方式依然激发了我对物理的浓厚兴趣。

《物理老师这样说》里的文章是从别莱利曼原著中精心挑选和整理出来的，并按照初中物理教材的顺序进行了分类。即便你刚接触物理，也能够真实感受到：物理不仅是充满趣味的，而且与生活息息相关。通过阅读和观察，你可以思考生活中的物理现象，为未来的物理学习打下坚实的基础。

总之，学好物理的关键，是要带着探索的心态去理解这个世界，是要有一双善于发现的眼睛。只要保持好奇心和求知欲，你就会发现物理的魅力所在。

欢迎进入神奇的物理世界！

马文尚

# 目录

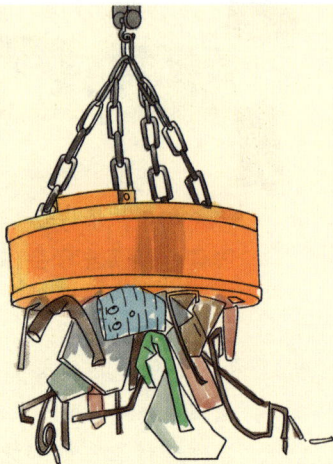

# 光现象和视觉

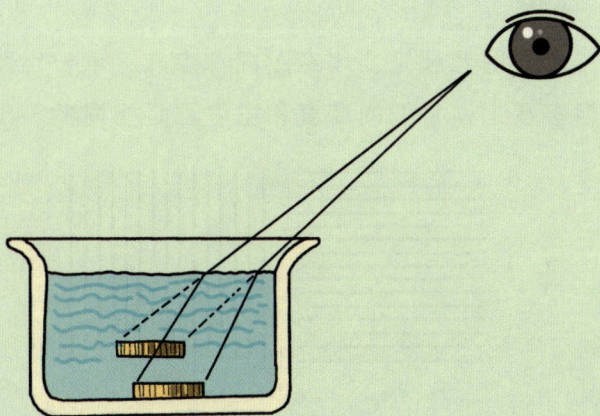

# 视觉欺骗现象

你听过"视觉欺骗现象"吗？大部分视觉欺骗现象都是大脑在处理视觉信息时，做出无意识判断而产生的错觉。当我们遇到视觉欺骗现象时，可以设法弄清楚它为什么会产生、又是怎样产生的。接下来我们会看到一些常见的视觉欺骗现象的例子。

左图看起来要比右图高一点儿、窄一点儿，但事实上，它们的高度和宽度都是相同的。出现

这种错觉的原因是，我们估计左图的高度时，大脑会不自觉地把两条线间的空白都加进去，导致左图的高度看起来比宽度大；同样地，我们也会不自觉地判断右图的宽度比高度大。

　　继续看下面这个例子。你认为椭圆形 a 和椭圆形 b 哪个更大呢？其实它们一样大，只不过椭圆形 a 的外围还有一个更大的椭圆形，这会让我们产生错觉，认为椭圆形 a 比椭圆形 b 小。

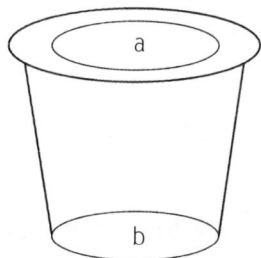

　　还有一个因素会强化我们的错觉：由于透视的影响，我们会认为整个图形并不是平面的，而是立体的，像一个桶。平面图中的椭圆形被我们当成了圆形，两条直线被我们当成了桶壁，这也

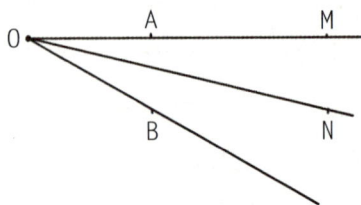

会让我们认为桶底的圆形会更大。

再看一个例子。在左图中，AB 之间的距离看起来比 MN 之间的距离大。其实，AB 之间的距离和 MN 之间的距离是相同的。从顶点 O 延伸出来的、位于中间的直线 ON 强化了错觉。

由此可见，很多视觉欺骗现象都是因为我们在看的同时，大脑也在不自觉地进行比较、判断，使得观测结果往往并不准确。一位生理学家说："我们是用大脑在看，而非用眼睛。"就像下面两幅图中心的圆 A 和圆 B 面积相同，然而，我们会不自觉地将中心的圆和周围的圆比较，这时视觉欺骗现象就产生了。当你明白了这一点之后，你就会认同这个说法。也因此，精准的测量是物理学实验中一个非常重要的环节。

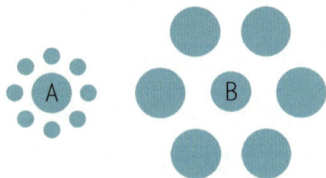

日常生活中有不少类似的视觉欺骗现象，比如穿横条纹的衣服会显胖。这是因为我们在看衣服时，视线会不自觉地沿着横条纹游走，在这个过程中大脑会把人的身材沿横条纹的方向拉长。我们要想通过穿条纹衣服来显瘦，除了看衣服的条纹方向，还要看条纹的疏密和粗细，这些因素都会让穿着者的身材产生不同的视觉效果。

**物理老师这样说**

下图中有几个立方体？观察的角度不同，答案也会不一样。当遮挡2、5、12号四边形时，我们会觉得上层有一个立方体，下层有两个（当然，上层的立方体不能凭空，下层其实应该有三个立方体）。当遮挡1、8、11号四边形时，我们会认为上层有三个立方体，下层只有一个。

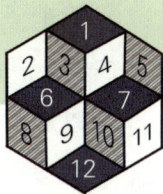

# 站得越高，看得越远

我们知道地球是球形的，尽管陆地和海洋看起来是平的，实际上地面和海面都是有弧度的。我们站在平坦的地面上，只能看到有限的距离。在我们视野的最远处，地面与天空的分隔线通常被称作"地平线"。

那么，一个中等身高的人站在平坦的地面上，最远能看到多远的距离？答案是大约 5 千米。也就是说，他只能看到方圆 5 千米之内的东西。

我们如果骑在马背上，可以看到方圆大约 6 千米之内的东西；站在海平面以上 20 米高的桅杆上，可以看到方圆大约 16 千米之内的海面；站在海平面以上 60 米高的灯塔顶端，可以看到方圆大约 28 千米内的海面。

　　不过，跟飞行员在高空中的视野范围比起来，这些视野范围都太小了。在没有云雾遮挡的晴天，飞行员在 1 千米的高空中，视野范围可达方圆 113 千米；到了 2 千米的高空中，借助望远镜，飞行员可以看到方圆大约 160 千米之内的事物。

　　要是搭乘平流层气球，我们甚至可以到达 22 千米的高空，我们的视野范围可达方圆 530 千米——站得更高，确实能够看得更远。

**物理老师这样说**

　　上面的数据是如何计算出来的呢？假设地球是标准的球形，不考虑地形，大气能见度非常高，即没有云雾遮挡——我们先在草稿上画一幅图，简单示意即可，不用太在意真实比例。一个中等身高的人，高约 1.7 米，即 AB=1.7 米；地球的平均半径约为 6371 千米，即 OA=OC=6 371 000 米；OB=OA+AB=6 371 001.7 米，且 BC 垂直于 OC，根据勾股定理可知 $OB^2=OC^2+BC^2$，可以算出 BC ≈ 4654.2 米，这就是这个人能看到的最远距离。

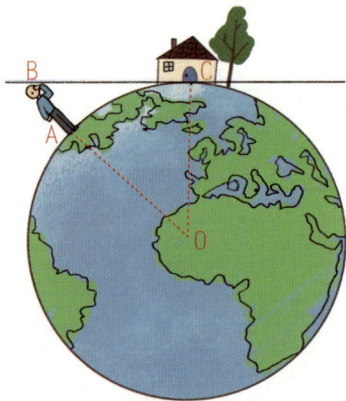

# 小孔成像

　　19世纪俄国作家果戈理在小说《伊凡·伊凡诺维奇和伊凡·尼基福罗维奇吵架的故事》中描述了这样一个场景：伊凡·伊凡诺维奇走进了一个漆黑的房间，只有一丝光线从百叶窗上的小孔射进来。光线照射到对面的墙上，映出一幅五彩斑斓的图画，图画上有铺着芦苇的屋顶，有树，甚至还有晾在院子里的衣服。不过，这幅图画是倒立的。这个场景描述的就是"小孔成像"现象。

　　小孔成像的原理是这样的：光在空气、水和玻璃等同种均匀的介质中沿直线传播。以窗外的树为例。从树顶部射出的光，和从树底部射出的光，在通过小孔时会交叉并沿直线继续传播。通

过小孔后，从树顶部射出的光就落到了墙的下方，而从树底部射出的光则落到了墙的上方，最终墙上就出现了一棵倒立的树。

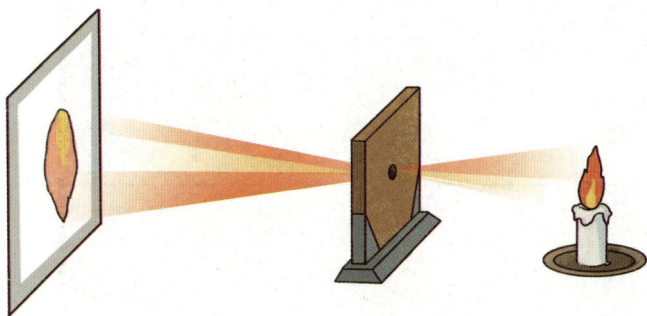

如果光从空气射向玻璃或水中，由于传播介质发生了改变，光就不再沿直线传播了，物体的成像会变形，或者发生位置上的变化。在不均匀的空气中，光也不会沿直线传播。例如，在云雾缭绕的山头，空气中悬浮着大量小水滴，光会发生散射，让我们看到的景物变得虚幻。

小孔成像的结果和小孔的形状有关系吗？实际上，不管小孔的形状如何，成像的结果都不会受到影响，在其他条件一致的情况下，我们看到的成像都是一样的。在自然界中，我们很容易就能发现小孔成像现象。比如晴天，在茂盛的大树下，地面上会形成一个个圆形光斑，这些就是阳光穿过树叶间的空隙所形成的太阳的像。由于太阳光是斜着射下来的，这些圆形光斑可能会被拉长。在日食发生时，由于月亮遮住了一部分太阳，树下的光斑就会变成月牙形。

我们还可以做个实验来验证小孔成像。这个实验需要在晴天进行。找一间阳光能透过窗户直射进来的房间，再找一块能挡住窗户的胶合板或硬纸板，并糊上黑纸，创造实验所需的"黑房间"的材料就准备好了。关上房间的窗户和门，用糊了黑纸的胶合板或硬纸板挡住窗户，在板上挖一个小孔，这是光线能进入房间的唯一通道。在离小孔不远的地方挂一张足够大的白纸作为"屏幕"。我们会看到"屏幕"上出现了一幅图，上面可能有房子、树、动物，甚至还有行人——这取决于窗外有什么，只不过这幅图是倒立的。我们前后移动"屏幕"时，会发现图依然是倒立的。如果"屏幕"离小孔比较远，图就会比较大；如果"屏幕"离小孔比较近，图就会比较小。

　　老式胶片相机就是一个"黑房间"。在相机里，用来成像的是一块毛玻璃，所成图像也是倒立的，相机里还有一些装置可以让成像结果更清晰。以前，摄影师在照相时，会用黑布把相机和自己一起蒙住，这是为了防止照片成像时受到其他光线的影响。

　　利用小孔成像的原理，我们可以制作一台简易相机。首先，找一个密封的长方形或圆柱形纸筒。其次，在其中一端打一个小孔，拆掉小孔对面那端的纸板，并糊上一张半透明的纸，比如油纸或硫酸纸。这张纸的作用跟相机中毛玻璃的一样，是用来成像的。这样，一台简易相机就做好了。

　　我们把纸筒拿到前面提到的"黑房间"中，使纸筒上的小孔和窗户硬纸板上的小孔重合，就可以看到窗外的风景倒立着映在半透明的纸上。最后，我们可以用感光纸把图像保留下来。

**物理老师这样说**

　　古人很早就发现了小孔成像现象及其原理。在春秋战国时期，墨家学派创始人墨子和他的学生完成了世界上第一个小孔成像实验。《墨经》中记载："景，光之人，煦若射。下者之人也高，高者之人也下。足蔽下光，故成景于上；首蔽上光，故成景于下。"这段话的意思是：穿过小孔的光线就像箭一样，是沿直线射出的，照射在人上部的光线，成像在下边；照射在人下部的光线，成像在上边，因此形成了倒立的影。

# 乌鸦的飞行路线

如果你知道怎么寻找最短路线，那么下面这道题目就难不倒你了。

如图所示，树上有一只乌鸦，地上有一些谷粒，乌鸦想飞到地上吃谷粒，然后再飞到对面的栅栏上。请问乌鸦应该怎样飞，才能使它的飞行路线最短？

我们可以把地面当作一面镜子，乌鸦飞到地上类似光线射入，从地上飞到栅栏类似光线反射，沿着使∠2和∠1相等的路线飞行，就是最短的飞行路线。

物理老师这样说

　　在光的反射现象中，∠1 叫作入射角，∠2 叫作反射角，AB 叫作入射光线，BC 叫作反射光线，KB 叫作法线。入射光线、反射光线和法线在同一平面内，入射光线和反射光线分居法线的两侧；反射角等于入射角。以上是光的反射定律。

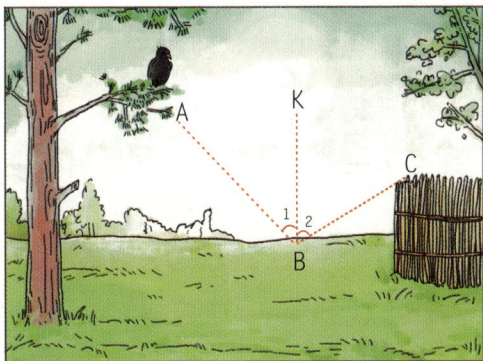

# 我们在镜子里面
# 看见的是谁

    你照镜子时，看到的是谁？你一定会说："当然是我自己！"但镜子里的"你"真的和你自己完全一样吗？

    你的右脸有斑点，可在镜子里，斑点却在左脸上，右脸干干净净的；当你抬起右手时，镜子里的"你"却抬起了左手；当你眨了一下右眼，镜子里的"你"却眨了一下左眼。你的所有动作在镜子里都是反着的。不仅如此，你如果透过镜子看挂在墙上的钟表，会发现钟表看起来

特别奇怪，上面的数字也是反着的。不仅如此，连钟表指针走动的方向也是反着的。

继续观察镜子里的"你"，你还会发现别的有趣现象。如果你是右撇子，你会看到镜子里的"你"是个左撇子，不管是写字还是吃饭，他用的都是左手。如果你想用右手跟镜子里的"你"握手，他会向你伸出左手；如果你写字，镜子里的"你"也会写字，但写出来的字都是反着的。这就是平面镜的成像特点。

**物理老师这样说**

在物理学中，我们会把真实的物体称为"物"，把物体发出或反射的光线经平面镜等反射后所形成的图景称为"像"。相对于镜面，"物"和"像"始终是对称的。"像"会随着"物"的大小、位置变化而变化。例如，当我们远离镜子时，镜子里的自己仿佛变小了，这是由视角的变化导致的，实际上"物"的大小并没有改变。这就好比我们远离某个物体时，物体看上去好像变小了，但物体的实际大小并没有改变。

# 为什么兔子
## 斜着眼睛看东西

　　人类看东西时，会同时用到两只眼睛。在水平方向上，每只眼睛能看到的最大角度是120°，当眼球保持不动时，两只眼睛的视野几乎是重合的。

　　然而，有些动物在看东西时，只会用到一只眼睛，且每只眼睛的视野范围比人类的眼睛大得多。视野范围的大小跟眼睛所在的位置有关。

　　兔子的两只眼睛长在头的两侧，兔子的眼睛在水平方向上的视野范围比人类的大得多，这让兔子不用转头就可以看到身后的情况。如果有人偷偷从兔子背后向它靠近，很容易就会被它发觉。不过，兔子看不到近在鼻子前的东西，鼻子前是它的视觉盲区。兔子如果想看到近在鼻子前的东西，就必须稍稍侧头才行。部分有蹄类动物的视野范围接近360°，马的眼睛也是一个很好的例子，不过马的视野范围大小稍逊于兔子的，马如果想看到身后的东西，还得转头。

跟兔子、马这些植食性动物相比，肉食性动物的视野范围小得多，但它们的眼睛能看得更清楚、视线更集中，能帮助它们准确判断自己与猎物的距离。

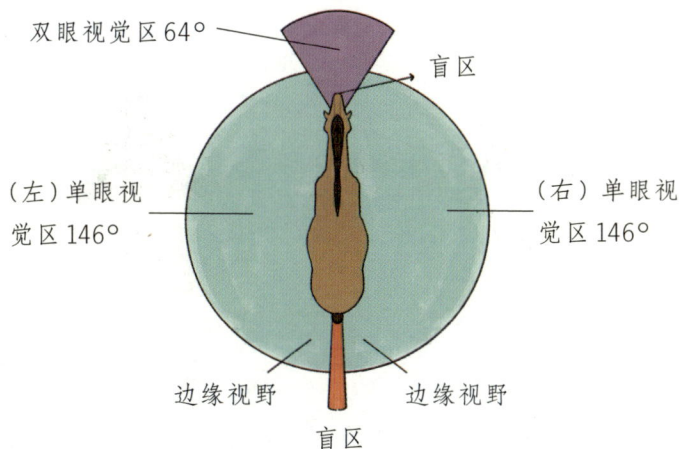

双眼视觉区64°

盲区

（左）单眼视觉区146°

（右）单眼视觉区146°

边缘视野

边缘视野

盲区

视角是指由物体两端射出的两条光线在眼球内交叉而成的角。我们看到的物体大小和物体的实际大小并不完全相同,这跟视角有关。你可以举起右手,将掌心对着自己,逐渐让手靠近自己的眼睛。在你的眼中,你的手是不是越来越大了?其实手的实际大小没有任何变化,只是视角越来越大而已。物体越大或距离越近,视角越大。

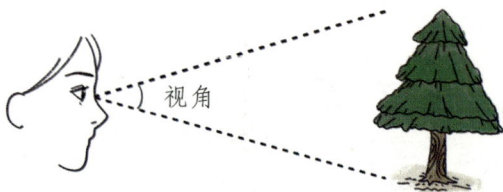

视角

# 对着镜子画画

　　我们可以通过一个实验来证明镜子里的"像"和物体本身是不同的。

　　在桌子上竖着放一面镜子，镜子前放一张白纸。坐在桌子前，在白纸上画画，但不要看着白纸画，而要看着镜子里的白纸画。先画一个长方

形，再画长方形的一条对角线。

　　画长方形很简单。但是，你在白纸上画的长方形却变形了。一直以来，我们习惯了视觉和身体动作相互协调；可一旦看着镜子画画，眼和手的协调就被打破了。无论是画图还是写字，就算我们一直盯着镜子里的手，还是会弄得乱七八糟，要么画出来的东西非常可笑，要么写出来的字歪歪扭扭，缺笔少画。试试看，你能否对着镜子，一笔一画地写出自己的名字？

## 物理老师这样说

　　古人最初以水为镜，从江河湖海中看自己的形象。但是一旦刮风下雨或者水流混浊，江河湖海就无法当作镜子了。后来，人们又开始用器皿盛水看像，这就是"水镜"。然而，用"水镜"看像只能俯首，不能抬头。到了青铜时代，由于铜面可以反光，铜镜出现了，人们便直接用铜面看像。铜镜在中国有三千多年的使用历史，直到清朝末年才被玻璃镜取代。

# 万花筒的秘密

　　很多人小时候都喜欢玩万花筒。万花筒是利用平面镜成像原理制作的，筒里有五颜六色、形状各异的碎片，它们被筒里的平面镜反射后形成了美丽的图案。当你转动万花筒时，图案会不停地变化，非常神奇。万花筒的内部结构是怎样的呢？我们可不可以自己制作一个万花筒呢？

　　万花筒的结构非常简单。如图所示，我们可以将能组成一个三棱镜的三块平面镜放在一个圆筒里，再将彩纸碎屑放在圆筒一端的两层玻璃之间。这样，一个简单的万花筒就做好了。

　　在转动圆筒的过程中，彩纸碎屑随圆筒的位置不断变化，镜中的像就随之不断地变化，就像我们照镜子时，身体转一个角度，镜中的像也会跟着转一个角度。随着彩纸碎屑位置不断变化，镜中的像会形成各种图案。我们只要不停地转动万花筒，就可以看到不断变换的图案，数也数不完。

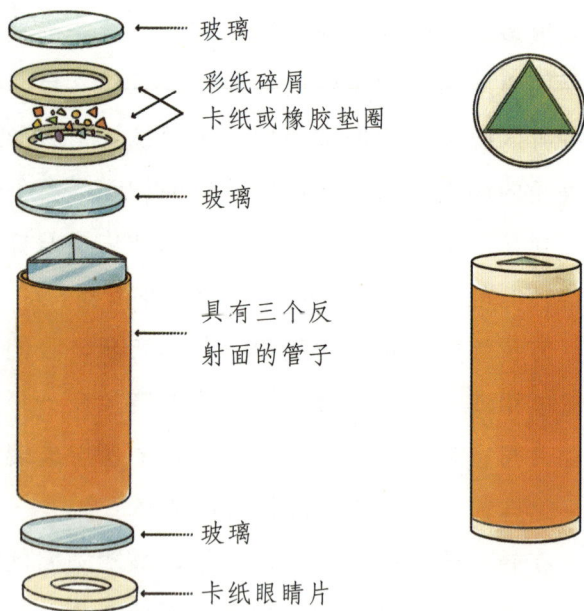

玻璃

彩纸碎屑
卡纸或橡胶垫圈

玻璃

具有三个反射面的管子

玻璃

卡纸眼睛片

万花筒中的图案很难重复出现，因此万花筒里的每一个瞬间都值得好好欣赏。

物理老师这样说

万花筒最初只被当作光学玩具，人们并没有发现它的其他价值。如今，人们经常利用万花筒来创作各种美丽的图案，并将其应用在墙纸和纺织品的设计上。还有人发明了一种仪器，它可以把万花筒里的精美图案拍下来并打印出来。

# 看"穿"墙壁

你可能见过或玩过这样一个神奇的装置。如图所示，它能让你的视线绕开挡在面前的物体，看到物体后面有什么东西。有人把这个装置叫作

"X射线机"，其实它并不会发射X射线，它只是利用光的反射原理进行成像。这个"X射线机"的结构很简单，就是一根管子里安有四块倾斜的镜子，这样，镜子就可以把被挡住的东西的像反射到你的眼前。

　　潜望镜就是利用光的反射原理制成的。在战争中，士兵不需要探出头，使用潜望镜就可以在战壕里看到外面的敌人。当我们使用潜望镜观察东西时，光线在潜望镜里反射的距离越长，我们看到的视野就越窄。如果想扩大视野，就需要在潜望镜里多加一些镜片。但是镜片和其他的介质一样，会吸收一部分光线，导致所成的像不够清晰。

　　潜艇内的士兵在水下观察敌军的舰船时，也要使用潜望镜。它的主体结构是一根伸出水面的长管，其内部结构比一般的潜望镜复杂得多，但它们的原理是一样的：光线被管子上端的平面镜或三棱镜反射进入管子内部，沿着管子传到另一块平面镜或三棱镜上，再被反射到士兵的眼中。

　　传统的潜望镜观察距离较近，且在夜间难以使用。观察者看到的视野狭窄、图像模糊。为了弥补这些不足，现代的潜望镜采用了先进的光电技术和电子技术，使观察范围更广、图像更清晰、能够实时将观察到的图像传输给作战系统监视器，是目前各国海军潜艇最常使用的侦察装置之一。

# 缺乏经验的游泳者
# 常常遇到的危险

很多缺乏经验的游泳者常常因为不了解光的折射现象而遇到危险。光的折射会使水中物体看起来位置较高,导致水的深度看起来比实际的浅。

我们可以用下图来解释这一现象。在观察者(眼睛位于水面之上的 A 点)看来,盆底物体 m

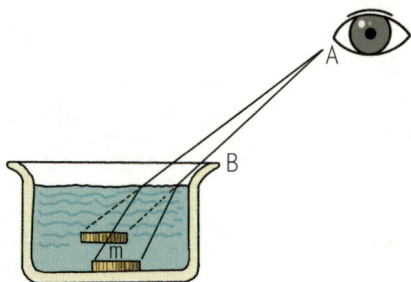

的位置比实际的高了。这是因为光线从水中进入空气时发生折射，再进入观察者的眼睛时，眼睛误以为 m 位于这条光线的延长线上。光线的倾斜角度越大，m 的位置看起来就越高。

同样，当我们在小船上看水底时，经常会误以为我们正下方的水最深，而离我们越远的地方，水就越浅。如果游泳者，特别是孩子和不太高的成年人，错误地将这种假象当作水真实的深度，就可能遇到危险。

## 物理老师这样说

生活中还有很多光的折射现象，比如浸在水里的勺子看起来像被折断了。我们在河边玩耍时，看到水中的鱼，会觉得鱼离水面很近。有经验的人在用渔叉叉鱼时，就会朝鱼游动方向的下方叉去。

# 光为什么会发生折射

我们知道，光在同一种介质中是沿直线传播的。当光从一种介质传播到另一种介质时，就会发生折射，也就是光的传播方向和路径会发生变化。为什么会发生这种现象呢？

我们可以进行以下实验来模拟光在不同介质中的传播。首先，找一张光滑的桌子，用布盖住桌面的一半，桌面和布分别代表两种不同的介质。然后，垫高桌子的一侧，让桌面稍微倾斜，让玩具汽车从桌子的高处下滑，且下滑的路径要垂直于布和桌面的分界线。此时，玩具汽车下滑的轨迹是一条直线，不会改变方向，这就类似于光垂直从一种介质射入另一种介质的情况。接着，改

变玩具汽车下滑的路径，使之不再垂直于布和桌面的分界线。此时，玩具汽车在到达布和桌面的分界线时，会偏离原来的路径，这就类似于光线斜着从一种介质射入另一种介质的情况。

在这个实验中，桌面和布分别代表两种不同的介质，玩具汽车的下滑路径代表光线。我们可以看到，玩具汽车在桌面上滑动的时候，速度比较快；当滑到布上时，速度会变慢，且路径会在桌面和布的分界线即"法线"偏移。反过来，如果玩具汽车从布上滑到桌面上，也会偏离"法线"。

这个实验形象地展现了光在两种不同的介质

里传播时速度会发生改变，且传播方向也会发生偏移。不仅如此，光的传播速度差别越大，传播方向偏移得就越多，也就是折射的程度就会越大。我们一般用"折射率"来表示折射的程度，它等于光在两种介质里传播速度的比值。

**物理老师这样说**

　　光的折射有一个不同于反射的特点。光在反射时，沿最短的路径传播，但光在折射时，沿最快的路径传播，并且在进入某种介质时，只存在一条这样的折射路径。

# 关于日出的问题

　　光的传播速度非常快，但由于地球和太阳相距甚远，太阳光从太阳到达地球大约需要8分钟。假设光的传播不需要时间，太阳光可以瞬间到达地球，那么原本在早上5点才能看到的日出可以在早上4点52分就看到吗？

　　这个说法是不正确的。日出实际上是由于地球自转，我们所在的地球上的某一点从阴影区域转到了阳光照射的区域，这时太阳出现在地平线上，我们就看到了日出。所以，即使光的传播不需要时间，我们看到日出的时间也不会改变，因为我们所在的地球上的某一点从阴影区域转到有太阳光照射的区域的时间并没有改变，依然是早上 5 点。所以，光的传播速度并不会影响日出的时间。

此外，大气层对光线有折射作用，会让光的传播路径发生弯折，所以我们看到的日出是光线折射形成的太阳的虚像，真正的太阳还在地平线以下。但是，如果太阳光可以瞬间到达地球，那么折射现象就不会发生，因为折射是由光在不同介质中传播速度不同产生的。我们在早上 5 点看到日出时，由于折射现象，太阳其实还在地平线以下，一旦没有了折射现象，只有太阳露出地平线后，我们才能看到日出，日出的时间反而会推迟！

发生日全食时，"黑太阳"周围有红色的光环，上面不时有火柱窜起，这就是日珥。日珥是太阳活动的标志之一。天文学家利用一种特殊的望远镜观察日珥，发现日珥的形状千变万化，有的像浮云，有的像喷泉，有的像篱笆，有的像彩虹……十分壮观。

# 放大镜的另一个作用

儒勒·凡尔纳有部小说叫《神秘岛》，它讲的是几个人在荒岛上的生存经历。有这样一个情节：主人公们在没有火柴和打火机的情况下，利用物理学知识生火，而不是像鲁滨孙那样借助偶然出现的闪电来取火。他们拆下了两块手表上的玻璃，用泥把它们黏合在一起，在两块玻璃之间留出空间并注满水，一个"放大镜"就做好了。他们在阳光下用这个"放大镜"对准地上干燥的苔藓，不一会儿，苔藓就被点燃了。

为什么放大镜可以生火呢？其实，放大镜的镜片是凸透镜，中间厚、边缘薄。当太阳光通过透明的镜片时，凸透镜能够把光汇聚在一个点上，光如果足够强烈，就可以点燃纸张。

　　同样，球形玻璃瓶也可以用来点火，只要在里面装满水就可以了。在很早以前，人们就发现了这个现象，并且发现玻璃瓶里的水仍然是凉的。有人因为疏忽，把装满水的球形玻璃瓶放在窗台上，结果把窗帘烧着了，桌子也被烧坏了。曾经有新闻报道，一位小客车车主将装满水的矿泉水瓶随手放在仪表台的防滑垫上，结果导致防滑垫

起火。这瓶矿泉水就相当于一个凸透镜，当太阳光透过它汇聚在一个点上，而这个点又恰好落在易燃物上的时候，就很容易起火。虽然这只是一起偶发事件，但我们还是要多加注意，不能把装满水的透明水瓶、老花镜等有汇聚光线作用的物品随手放在易燃物附近。

**物理老师这样说**

　　大的凸透镜更容易点燃纸张，因为凸透镜越大，透过凸透镜的阳光就越多，聚在焦点上的能量就越多，纸张就更容易被加热，当达到一定温度后，纸张就会燃烧起来。我们如果想让纸更快被点燃，可以把纸涂成黑色的，因为黑色能吸收更多的太阳光。

# 怎样用冰来生火

　　除了玻璃做成的凸透镜，还有一样东西也可以用来生火，那就是透明的冰块。

　　早在西汉时期，《淮南万毕术》中就有记载："削冰令圆，举以向日，以艾承其影，则火生。"大意是，将冰块削成圆球（类似凸透镜的形状，

48

中间厚、边缘薄），将它举起来对着太阳，使产生的最小、最亮的光斑落在艾草上，就能生火。

光斑所在的点叫作"凸透镜的焦点"。太阳其实是一个点状的光源，但因为它距离地球非常远，我们通常将太阳光看作平行光。平行光穿过凸透镜后会汇聚在焦点上，能量越聚越多，就能引燃可燃物。

在儒勒·凡尔纳的小说《哈特拉斯船长历险记》中，冰块做成的凸透镜同样起了大作用。当时没有火种，天气也非常冷，温度低至 −48 ℃，克劳波尼博士就是利用冰块燃起了火。

小说的情节虽然是虚构的，但原理是切实可行的，我们也可以用冰做一块凸透镜。找一个底部浑圆的器皿作为模具，把水倒进去，放到低温

环境中让水结冰，一块冰做的凸透镜就做好了。用它做取火实验的时候，一定要选择太阳光强烈而且气温比较低的露天环境，不能在房间里隔着窗户玻璃做，因为玻璃会吸收大部分太阳光的能量，实验就很难成功了。

**物理老师这样说**

2006 年，中国第四届全国特殊奥林匹克运动会的圣火就是用冰做的凸透镜采集的。在松花江以北的太阳岛上，运动员手持取火棒，对准用松花江水结成的冰块制成的凸透镜的焦点，成功采集了圣火。

# 我们的眼睛

之前我们讨论了如何制作"黑房间"——其实"黑房间"也存在于我们每个人身上，那就是眼睛。从构造上来说，眼睛跟"黑房间"有着异曲同工之妙。瞳孔相当于我们之前提到的"黑房间"的小孔。瞳孔的后面是透明的晶状体，它的形状类似于凸透镜。从晶状体到眼球后壁之间的区域都是用来成像的，里面充满了透明的物质——玻璃体。

熟悉照相机的同学会发现，我们的眼球好像一台照相机，晶状体和角膜相当于一个凸透镜，把来自物体的光聚在视网膜上，形成物体的像。视网膜上的感光细胞受到光的刺激产生信号，视

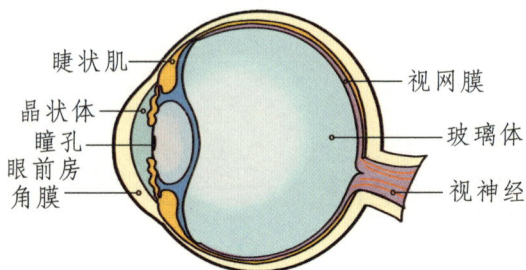

睫状肌 —
晶状体 —
瞳孔 —
眼前房
角膜 —
— 视网膜
— 玻璃体
— 视神经

神经再将信号传给大脑，我们就看到了物体。有意思的是，虽然眼睛成像的结果与"黑房间"一样，也是倒立的，但我们所看到的物体却是正立的。这是因为我们长时间养成了这样的习惯：在用眼睛看物体的时候，大脑会对视网膜上所成的像进行修正和处理，这个过程叫作"视觉矫正"，它能帮助我们准确地认知物体。

在一些影视作品中，我们还能看到下图中的老式照相机。早期在照相馆里，摄影师取景时看到的像就是缩小、倒立的。现在的照相机、手机的照相功能利用光学或电子技术，将倒立的像转变成正立的，这是为了方便我们观察。

# 近视的人

近视的人需要戴眼镜才能看清远处的物体，否则他们看到的只有一片模糊。视力正常的人很难想象这种感觉。如果望向一棵大树，视力正常的人可以清楚地看到树叶和树枝的形状。但对近视的人来说，那棵大树只是一团模糊的绿色而已。

近视的人为了看清一个人的脸，需要凑得很近，仔细端详，仿佛不认识那个人一样。这是因为他们的眼睛结构发生了改变：物体上每一点反射出来的光线，无法被他们的眼睛很好地聚焦到视网膜上，而是聚焦在了视网膜前面。也就是说，这些光线在视网膜上是发散的，因此他们只能看到模糊的像。

要想让近视的人能够和视力正常的人一样，看清楚远处的物体，就需要给他们佩戴合适的近视眼镜。我们如果用手隔着软布轻轻触摸，会发现近视眼镜的镜片是一种中间薄、边缘厚的透镜，我们称之为"凹透镜"。凹透镜对光有发散作用，能让原本汇聚于视网膜前的光重新汇聚到视网膜上，这样近视的人就能看清远处的物体了。

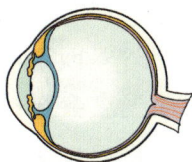
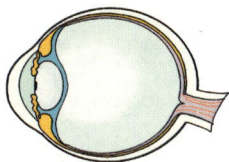

正常眼　　　　　　　　近视眼

物理老师这样说

在生活中，我们佩戴眼镜、使用照相机时要注意，尽量不要用手直接触摸光学镜片，这是为了避免划伤光学镜片，影响其光学性能。如果必须要用手去拿光学镜片，尽量只接触非光学表面的部分，比如镜片侧方的边缘。

# 借助阳光的力量

不同颜色的物体对太阳光的吸收和反射程度不同。一般来说，深色的物体吸收的太阳光多，反射的太阳光少，所以物体的温度会迅速升高；浅色的物体吸收的太阳光少，反射的太阳光多，所以温度变化较小。

我们可以做一个简单的实验来验证这个现象。准备两块相同大小的布，一块黑色的，一块白色的，分别把它们覆盖在雪上。几小时后，我们就会发现，黑布下面的雪比白布下面的雪融化得快。这是因为黑布吸收了大部分太阳光，而白布反射了大部分太阳光，黑布吸热更多，下面的雪也就融化得更快。

美国科学家本杰明·富兰克林也曾做过类似的实验。他是这样说的："我从裁缝店找了几块不同颜色的方布，什么颜色都有。在一个天气晴朗的早晨，我把这些布铺在了雪地上，过了几小时，我发现在雪地里陷得最深的是黑布，说明它受热最多，而其他颜色的布下陷的程度则各有不

同。并且我发现，布的颜色越浅，陷得也越浅，特别是白布，它几乎没有下陷，仍然跟一开始放到雪地上时一样。"

通过这个实验，富兰克林还感慨地说："理论是为我们的生活服务的，如果这个理论对生活没有任何用处，那它就没有意义。通过这个实验，我们是不是可以得出一个结论：在夏天，我们穿浅色的衣服会更凉快，因为浅色的衣服可以把阳光反射回去，我们不会感觉特别热；而到了冬天，我们穿深色的衣服会更暖和，因为深色衣服能吸收更多的热能，我们不会感觉特别冷……另外，把墙壁涂黑，墙壁是不是也可以吸收更多太阳光的热能？这样到了晚上，墙壁吸收的热能可以保护房间里的东西不被冻坏。我想，我们还可以找到更多的应用，来实现这一理论的价值。"

有时候，理论甚至可以救命。曾经有一艘南极探险船被冰困住了，船上的人想了很多办法都不能解困。后来，有人想了一个办法，在船前面的冰上铺一条黑灰和煤屑做成的"大道"，"大道"

一直通向最近的一块裂冰。由于那几天天气晴朗，黑灰和煤屑吸收了很多太阳光，被覆盖的冰很快就融化了，探险船终于脱险。

## 物理老师这样说

本杰明·富兰克林是美国科学家、发明家和外交家。他曾用风筝线和钥匙做过一个著名的实验，证明了雷雨天，云中充满了电荷，并提出了电荷守恒定律。富兰克林还发明了避雷针，他被誉为"近代电学之父"。

# 三棱镜的奥秘

    三棱镜其实就是玻璃制成的三棱柱，它可以把太阳光分解成不同颜色的光，这种现象叫作"光的色散"。我们可以用三棱镜做两个有趣的小实验。

实验一

    把三棱镜对准太阳光，然后把一张白纸放在三棱镜的后方，这时白纸上会形成一条彩色的光谱，颜色依次是红、橙、黄、绿、蓝、靛、紫，就像一道彩虹。太阳光其实是白光，由各种颜色的光混合而成。当白光通过三棱镜时，不同颜色的光会因为折射率不同而被分离开来。如果我们

让这些不同颜色的光再经过另一块三棱镜，它们
会再次混合成白光。

实验二

我们可以用两只手水平地拿着三棱镜，透过
三棱镜的底部观察贴在墙上的白纸。我们会发现
白纸比它本来的位置高了许多，这是由光的折射
引起的。同时，白纸的上边呈现紫色，下边呈现
红色，这也是我们前面提到的色散现象。不同颜
色的光线透过三棱镜后会发生不同程度的偏折，

紫色光的偏折程度比其他颜色的大，所以白纸的上边呈现紫色；红色光的偏折程度最小，所以白纸的下边呈现红色。而各种颜色的光重叠的部分仍然是白色。

## 物理老师这样说

做完实验后，我们要通过分析得出结论，这些结论可能并不完善，往往需要其他人进行重复实验或者换一个思路分析来验证，直到很多人都得到和我们相同的结论后，这个结论才会被确立为定理或被总结为公式。

# 红外线与紫外线

　　三棱镜把太阳光分解成不同颜色的光，它们按照一定的顺序排列，就形成了"太阳的可见光谱"。

　　"谱"指依照事物的类别、系统制成的表册。可见光谱，就是可以看见的光的表册。有心的读者可能会思考：这么说，还有看不见的光谱吗？

　　1800 年，英国天文学家赫歇尔把温度计的玻璃泡涂黑，放在太阳光下，让光线分解产生可见光谱，借此研究不同颜色的光照在玻璃泡上使温度升高的情况。他发现波长较长的光（如红光）能使温度大幅升高。然后，他把玻璃泡移到光谱的红色光区域之外，那里没有光照射，可温度计的水银柱却升得更高。于是他断定，在可见光谱的红色光区域外仍有看不见的光线。这种光线的波长比红光长，被叫作"红外线"。

经研究，一切物体都在不停地辐射红外线，同时也在吸收其他物体辐射的红外线。一个物体，当它的温度升高时，尽管它看起来还跟原来一样，但它辐射的红外线大大增强。红外线具有显著的热效应，用红外线照射物体后，物体的温度会显著升高。

在工业上，人们常利用红外线来加热和烘烤物品。在军事上，人们研制出了红外线夜视仪，这是因为夜间人的温度比野外草木、岩石的温度高，人体辐射的红外线比其他物体的强。人在生病时，局部皮肤的温度会出现异常，如果在照相机里装上对红外线敏感的胶片，给皮肤拍照并将照片与健康的人的照片对比，对疾病的诊断有一定的帮助。另外，红外线的波长比可见光的长，穿透云雾的能力比较强，使用对红外线敏感的胶片可进行远距离或高空摄影，且可以在没有可见光的夜间摄影。利用灵敏的红外探测器吸收物体发出的红外线，然后用电子仪器对

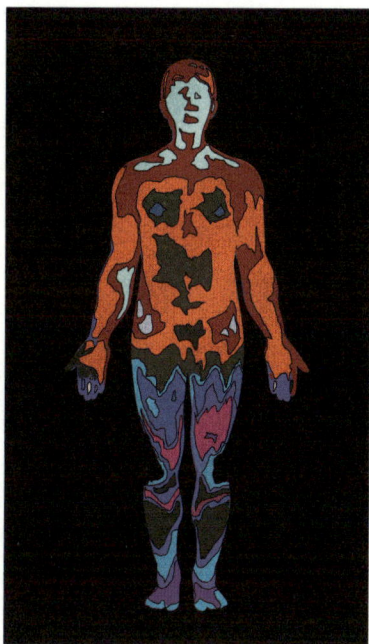

用红外线胶片拍摄的"热谱图"

收到的信号进行处理，从而显示被测物体的形状和特征，这种技术叫作"红外线遥感"。红外线遥感技术可用于勘测地热，寻找水源，监视森林火情，估测大面积农作物的长势和收成以及预报风暴和寒潮等。

1801 年，德国化学家里特发现，可见光谱的紫色光外侧还有一种看不见的射线，能使氯化银等物质分解。后来，这种射线被称为"紫外线"。人们经过研究发现，高温物体如太阳、弧光灯和其他炽热物体发出的光中都有紫外线，汞等气体放电时也会发出紫外线。

　　紫外线能杀死微生物。医院的手术室、病房常用紫外线灯来灭菌；有些学生食堂也会使用紫外线灯来消毒。太阳光里有很多紫外线，所以经常在阳光下晾晒衣服、被褥也可以灭菌消毒。适当照射紫外线对骨骼的生长和身体健康等许多方面都有好处；但过多、过强的紫外线，会伤害人的眼睛和皮肤，因此某些工种的工人（如电焊工人）在工作时必须穿好工作服，戴好防护面罩（电焊的弧光中有很强的紫外线）。紫外线能使荧光物质发光，纸币或商标的某些位置会用荧光物质印上标记，人们可以用紫外线识别这些标记，这是一种有效的防伪措施。

　　在荧光灯中，利用汞蒸气放电时发出的紫外

线照射管壁上的荧光粉，可以发出类似日光的白光或其他颜色的光。我们通常把发出类似日光的荧光灯叫作"日光灯"。

物理老师这样说

人们对世界的认识是逐渐加深的，正如我们最初研究的是可见光谱，慢慢地，我们了解到在可见光谱之外还有红外线和紫外线。其实在红外线和紫外线之外，还有更多的射线，比如红外线之外还有无线电波，紫外线之外还有 X 射线和 γ 射线（伽马射线），这些都有待我们的进一步学习和探索。

# 绿　光

　　"你会在海上看日落吗？不知道你有没有遇见过这样的景象：在万里无云的晴天，当太阳徐徐落下、眼看就要完全浸入海面的一瞬间，太阳的最后一缕光线会变成绿色，且颜色非常鲜艳。即便是世界上技艺最高超的画家，也不可能调出这么艳丽的绿色。"在一份报纸上，坎贝尔小姐看到了这样一段描述，并对此心驰神往。出于好奇，她到世界各地旅行，为的就是亲眼目睹这道绿光，看看它是否真的存在。遗憾的是，她没有实现这个愿望，没有看到这一奇特的景象——虽然以上只是儒勒·凡尔纳小说《绿光》里的虚构情节，但"绿光"这一现象却是真实存在的，绝非杜撰。只能说坎贝尔小姐不够幸运，没有遇见这一现象罢了。如果她能看到，一定也会对此称奇道绝。

绿光到底是怎么回事呢？对我们的眼睛来说，大气就像一个倒立的三棱镜。我们观察快要落山的太阳，就是透过这个"倒立的三棱镜"观察的。所以，太阳的最上端就会显示出蓝绿色，下面显示出橙红色。我们经常看到的是橙红色的太阳光，这是因为蓝绿色的光非常微弱，只有太阳的绝大部分光都在地平线以下时，我们才能看到蓝绿色的光。太阳升高后，强烈的橙红色光就会将微弱的蓝绿色光覆盖，我们就看不到蓝绿色的光了。

实际上，太阳最后一缕光的颜色是蓝色和绿色两种颜色合成的天蓝色。如果空气透明度高，那么我们看到的就是蓝光。但是，由于大气中存在许多尘埃颗粒，它们对光有散射作用，蓝光最后会变成一条绿色的边，也就是我们一开始所说的绿光。

苏联天文学家季霍夫曾经研究过绿光。他说，我们如果看到的落日是红色的，并且不觉得刺眼，肯定不可能看到绿光现象。太阳发出红色的光，说明蓝色光和绿色光都被大气散射掉了。如果落日不是红色的，而是刺眼的黄白色，那么我们几乎可以肯定，一定会出现绿光现象。不过需要指出的是，要想看到绿光，地平线还必须清晰，不能有不平的地方，且周围不能有树木或建筑物。在陆地上，这样的观测条件是很难达到的，因此在海上看到绿光的概率更大。

　　有人曾经用望远镜看到过绿光：在太阳即将完全落下，但部分轮廓还位于海平面上时，太阳就像一个随着波浪运动的大圆盘，外面镶着绿色的边。只有整个太阳快落到海平面以下时，我们才能看到这条绿边。我们如果用放大100倍的望远镜看，可以看得非常清楚。在日落前约10分钟，我们可以看到这条绿色的边，它位于太阳的上边缘，而下半部分的边缘则是红色的。一开始，绿边很窄，随着太阳的下落，绿边越来越宽，当太阳完全消失，绿光看上去好像脱离了太阳边缘，在太阳完全位于海平面之下后，还要再亮一会儿才消失。

**物理老师这样说**

　　光的散射是指光通过不均匀的介质时，部分光偏离原方向传播的现象。我们用激光笔分别照射装有清水、盐水和牛奶的水杯时，只有照射装有牛奶的水杯时才能看到明显的激光束。这是因为牛奶中含有大量的脂肪和蛋白质大分子颗粒，光线通过牛奶时，这些颗粒会使光线发生散射现象。这时，这些颗粒就像一个个发光体，无数颗粒对光线散射，一条明亮的光路就形成了。而在装盐水的杯子中，食盐溶解在水中，光的散射现象显著减弱，因此我们无法观察到盐水中的激光束。

# 我们可以隐身吗

在科学技术不断发展的今天，很多神话、动画中的幻想都变成了现实。那么，有没有技术手段能让我们隐身呢？

英国作家赫伯特·乔治·威尔斯曾试图通过他的科幻小说《隐身人》来说服读者，隐身是完全可能的。小说的主人公是世界上独一无二的天才物理学家，他无意中发现，如果让人体的折射率变得和空气的一样，即人体既不能吸收光线，也不能反射光线，人就可以隐身了。他还发明了另一种让人隐身的方法：将肌肉、毛发、指甲、神经等人体组织都变成透明的，那么人体看起来就是透明的了。

1911 年，德国的一位解剖学家把标本漂白洗净后，放到水杨酸甲酯（一种折射作用很强的无色液体）中浸泡。他用这种方法把老鼠、鱼以及人体器官做成标本，这些标本会变得近乎透明！不过，要让一个活生生的人变得完全透明还是很难实现的：一方面，人体无法在身体组织不受到损害的情况下长时间浸泡在液体之中；另一方面，如果人们想在空气中隐身，只有当标本和空气的折射率相当的时候，才有可能实现。现在，我们还不知道怎样做到这一点。

**物理老师这样说**

　　折射率等于光在真空中的传播速度与光在该介质中的传播速度之比。从物理学的角度来看，如果一个人和空气的折射率之差小于 0.05，那么理论上我们将看不到这个人。空气的折射率大约是 1.00029，水的折射率大约是 1.33，普通玻璃的折射率大约是 1.5。

# 隐身人能
# 看见东西吗

　　上一篇介绍的隐身人和隐身技术听起来令人心生向往，我们都期待这种技术有朝一日能被开发出来。但理论上，如果一个人隐身了，我们的确看不到他，但他也什么都看不见！

　　因为隐身就意味着身体的所有部分都是透明的，包括眼睛。透明的眼睛的折射率与空气的基本相同。然而，正是因为晶状体、玻璃体使光线产生折射，外界物体的像才能够呈现在视网膜上。如果眼睛和空气的折射率相同，那么光线从两种折射率相同的介质中间穿过时，就不会改变方向，也不会汇聚到一点上。也就是说，光线将直接进入隐身人的眼睛，不会发生折射。所以隐身人的眼睛里没有颜色、没有物体成的像，光线也不会停留在他的视网膜上。这就意味着，隐身人的眼睛看不见任何东西。

如果隐身人什么都看不见……那么即使他隐身了，似乎也做不了任何事情。

**物理老师这样说**

透明人不禁让人想起"神农尝百草"的传说。传说神农氏样貌奇特，头上长有角，三岁知晓农务，成年后，身材又高又瘦，除四肢和脑袋外，身体是透明的。为了分辨药草，神农氏尝尽百草，只要服下的药草是有毒的，他的内脏就会呈现黑色，因此各种药草对人体部位的影响就一目了然。后来，神农氏由于服用了太多种毒药而不幸身亡。虽然这只是传说，但历史上是否真的出现过一个透明人呢？这不免让人浮想联翩！

# 天然保护色

有些动植物为了躲避天敌或改善生存环境，会让身上的颜色变得与周围环境相似，让自己看起来像隐身了一样，它们的体色就叫"保护色"。

从达尔文时代起，动物学家就将草绿色称为"保护色"或"掩护色"。动物世界有很多保护色的例子：大多数生活在沙漠的动物如蜥蜴、蜘蛛等的体色都是微黄的"沙漠色"；生活在北极的动物，比如北极熊的体色就是白色，这使它们在浮冰上很难被发现；生活在树上的蝴蝶和蛾的体色非常接近树皮或树叶的颜色。

　　水生动物也是这样的。一些生活在褐藻中的海洋生物体色是褐色的，仅靠人眼是很难看到它们的。生活在红藻里的海洋生物，体色就是红色的。银色的鱼鳞也起保护色的作用，它可以保护鱼类既不受空中飞禽的伤害，也不受水下大鱼的袭击。因为不管从空中往水下看，还是从水下往空中看，水面都像镜子一样闪闪发光，鱼鳞的颜色同闪闪发光的水面完美地融合在一起。除此之外，水母以及很多生活在水里的透明动物，比如虾、软体动物等，它们的保护色就是透明。在无色透明的环境中，敌人很难看见它们。

在保护色这方面，大自然的创造力远远超过了人类。许多动物还能根据环境改变体色。例如银鼠，每年春天，它们都会换上一身红褐色的皮毛，和雪融化后的土壤的颜色是一致的。到了冬季，它们又会换上雪白的冬衣。大家熟悉的变色龙也是一种非常神奇的、会随环境变化而改变体色的动物。

# 用保护色进行伪装

人们借鉴大自然的"保护色技术",让自己与周围环境融合,从而不被发现。这种技术已经被广泛应用在军事领域:色彩艳丽的军装被淘汰了,取而代之的是具有保护作用的迷彩服;军舰会涂上灰色的漆以保护自己不被发现。

天上也有很多利用保护色的例子。根据不同地面的颜色,人们把飞机涂成褐色、暗绿色或紫色,这样从上空观察,敌人就难以区分飞机和地面;飞机底部则

被涂成浅蓝色或白色，与天空的颜色相近，从而迷惑飞机下方的敌人。在夜间使用的轰炸机则会被涂成黑色。

一种能够反射背景的镜面也被用于在各种环境中进行伪装。有了这样一层保护色，物体就会自动"变成"周围环境的颜色，让远处的人几乎无法分辨出它们。在第一次世界大战中，德国人就曾使用过这种技术：他们在飞艇表面装上能反光的铝板，以反射出天空和云彩。如果不是因为飞艇飞行时发动机发出的声音，这些飞艇很难被发现。

## 物理老师这样说

士兵穿的迷彩服是用于伪装的服装，上面有由绿、黄、褐、黑等颜色组成的不规则保护色图案。迷彩服反射的光与周围景物反射的光大致相同，它能干扰敌人的目视侦察，使敌人的现代化侦察仪器难以捕捉目标。

# 为什么用于警示的
# 信号灯是红色的

生活中，我们总会看到不少用于警示的信号灯，提醒人们此处禁止通行或注意停车。为什么它们大多是红色的？

除了我们的眼睛对红色更敏感外，还有一个原因——和其他颜色的可见光相比，红光的波长最长。什么是波长呢？我们熟悉的光，并不仅仅是肉眼可见的"光束"或"光线"，它还是电磁波。光在传播时就像水波一样，我们把波的最高处叫作"波峰"；最低处叫作"波谷"。邻近的两个波峰（或波谷）的距离叫作"波长"。在空气中传播时，光的波长越长，就越不容易被空气中

波峰

波谷

波长

的尘埃颗粒所散射。换句话说，红光的传播距离比其他颜色的光都要长。这样一来，驾驶员就可以在很远的地方看到信号灯并及时刹车。

波长越长的光在大气中的穿透距离越长。根据这一原理，人们制作了红外天文望远镜来拍摄星球的表面。

**物理老师这样说**

　　人类对光的研究经历了由浅入深、由简单到复杂的过程，总结起来就是这三个问题：光是怎样产生的？光是如何传播的？光和物质是怎样作用的？一般我们将光学分为几何光学、波动光学、量子光学和现代光学。初中阶段主要学习的是几何光学，高中阶段主要学习的是波动光学。波动光学基于光是电磁波的观点，研究光在传播过程中所发生的种种现象。

# 物理学家的一笔罚单

奥地利物理学家多普勒在 1842 年发现了这样一个现象：随着观察者不断接近或远离声源或光源，他所感受到的声波或光波的波长和频率会相应发生变化。多普勒大胆猜测恒星颜色的产生和变化与其运动状态有关，他还认为恒星本身应该是白色的。一些恒星看上去有颜色，是因为对我们而言，它们一直是运动的。当恒星快速向地球靠近时，地球上的观察者感知到的光波已经是缩短了的，所以观察者看到的光是蓝色、绿色和紫色的。当恒星远离地球时，观察者看到的光就是黄色或红色的。

这个想法很独特，但毫无疑问是错误的。因为只有当恒星的速度非常快的时候，我们的眼睛才有可能发现色彩的变化——这个速度需要达到几万千米/秒。

美国物理学家罗伯特·威廉姆斯·伍德有一次因为驾驶时车速太快而来不及踩刹车，直接闯了红灯。当交警正准备对他进行罚款时，伍德突然想起多普勒所犯的这个错误。据说伍德当时向交警解释道："在我快速行驶时，远处的红色信号灯看起来就是绿色的。"如果这位交警也懂物理学，他一定能够推算出，这位物理学家的车速要达到37 500千米/秒，他的辩解才能成立。在现实中，37 500千米/秒的车速是不可能实现的。不过据说这位物理学家最后并没有蒙混过关，还是被交警罚款了。

　　我们可以尝试计算一下：用 λ 表示从光源（即红色信号灯）发出的光的波长；用 y 表示观察者（物理学家伍德）看到的光的波长；用 v 表示汽车的速度；用 c 表示光速。那么，这些数据之间的关系为 λ/y=1+v/c。红光的波长最短是 0.0063 毫米，绿光的波长最长为 0.0056 毫米，光速是 300 000 千米/秒。将数据代入公式，我们可以算出汽车的速度是 37 500 千米/秒，相当于 135 000 000 千米/时。如果伍德的车速真的这么快，他只需要 1 个多小时，就能从交警身边直接飞到比太阳还远的地方去。

# 电磁现象

# 带电的梳子

　　即使没有专门的实验器材，你也可以用一些简单的物品做有趣的电学实验，感受蕴藏在自然界中的奇妙力量。不过，最好选择冬天，并且在有暖气的房间里进行电学实验，因为冬天有暖气的房间里空气比较干燥，实验现象会更明显。下面，我们就一起来看一些奇妙的电学现象。

　　在一个温暖、安静的房间里，用一把普通的塑料梳子梳理干燥的头发时，头发会随着梳子飘起来，你还会听到梳子发出轻微的噼啪声。为什么梳头时会出现上述现象呢？这是因为头发与梳子相互摩擦，摩擦过的物体带了电，准确地说是电荷。用摩擦的方法使物体带电的现象，叫作"摩擦起电"。不仅摩擦头发能让梳子和头发带电，实际上，用梳子摩擦干燥的毛毯也可以让梳子和毛毯都带电，而且电量会更大。用丝绸摩擦玻璃棒也可以使丝绸和玻璃棒都带电。

带电的梳子会变成一根神奇的"指挥棒"，我们可以用它做很多有趣的电学实验。使带电的梳子靠近一些又轻又小的物体，如纸屑、头发等，它们就会被梳子吸引，甚至粘在梳子上。折几只纸船，将它们放到水里，我们就可以用带电的梳

子来指挥它们，让纸船跟随梳子走。将一枚鸡蛋放在干燥的高脚杯里，保持高脚杯稳定，在高脚杯上水平放一把长长的尺子，并让尺子保持平衡；然后，用带电的梳子靠近尺子一端，尺子就会转动。你可以"指挥"尺子左右转动，甚至转起来。这些都说明了一个道理：带电体可以吸引又轻又小的物体。

**物理老师这样说**

人们对电学现象的认识可以追溯到很久以前。公元前6世纪，古希腊哲学家泰勒斯就已经发现并记录下了摩擦过的琥珀能吸引又轻又小的物体。东汉时期，哲学家王充在《论衡》一书中提到的"顿牟掇芥"指的也是静电吸引现象：顿牟指的是玳瑁，掇（duō）意为拾取，芥指代纸屑等又轻又小的物体。

# 电的斥力

　　我们知道，带电的塑料梳子会吸引又轻又小的物体，比如头发、纸屑等。那么，如果我们用另一个带电的物体靠近它，会发生什么现象呢？通过实验，我们发现两个带电物体之间的相互作用有两种：用带电的玻璃棒去靠近不同的带电的塑料梳子，有时它们会相互吸引，有时则会相互排斥。

　　这种现象其实是物理学上的一个定律：同种电荷相互排斥，异种电荷相互吸引。摩擦过头发的塑料梳子和摩擦过毛皮的橡胶棒所带的电荷是相同的。早期，人们将它们产生的静电称为"树脂电"，也就是我们现在所说的负电荷，而丝绸摩擦过的玻璃棒所带的电荷是正电荷，和摩擦过头发的塑料梳子所带的电荷相异。现在，人们已经不用"树脂电"和"玻璃电"这种名称了，一般的叫法是"负电荷"和"正电荷"。

检测物体是否带电的验电器的工作原理就是利用了同种电荷相互排斥的特性。如下图所示，我们可以在家中制作一个简易的验电器：找一个中等大小的矿泉水瓶，在瓶盖中间打一个小孔，然后将铁丝插入小孔，并将插入小孔的一端折成弯钩；再将薄锡纸（或薄铝箔）剪成两个小条，分别在一端打孔后穿在钩上；最后盖上瓶盖，一个简易的验电器就做好了。

当我们用带电物体接触瓶盖上的铁丝时，带电物体上的电荷会传递给锡纸条，由于两张锡纸条所带电荷相同，它们会相互排斥分开。因此，我们如果用一个物体接触铁丝后，观察到锡纸条相互排斥分开，就可以判断这个物体是带电的；如果锡纸条没有反应，说明这个物体不带电，或者所带的电荷太弱。

**物理老师这样说**

我们还可以制作更简单的验电器。在葡萄酒瓶的软木塞上插一枚大头针，在上面挂上一张对折的锡纸条。如果用一个物体接触大头针后，锡纸条张开的角度变大了，我们就可以判断这个物体是带电的。

# 被闪电定格的景象

雷雨天的闪电转瞬即逝，有时候却可以照亮城市的街道，你见过这种壮观的景象吗？你如果见过，也许会注意到一个特别的现象：嘈杂的街道好像瞬间定格了，行人仿佛被施了静止的魔法；汽车也停下不动了，车轮上的辐条清晰可见……

这种"静止"的现象是闪电短暂的持续时间所造成的错觉。闪电和电火花本质上相似，闪电的持续时间根本无法用普通的方法测量。不过，还是有人用间接的方法测出了闪电的持续时间：大部分闪电的持续时间只有千分之几秒，有些闪电的持续时间较长，可达 0.01~0.1 秒，有些连续的闪电甚至可以持续 1.5 秒。当闪电照亮街道时，热闹的街道好像静止了，就是因为大部分闪电的持续时间非常短，在这么短的时间里，汽车车轮移动的距离也只有几万分之一毫米，我们的肉眼根本无法察觉汽车的移动，所以，汽车看起来就像是静止不动了。

## 物理老师这样说

除了我们经常看到的普通闪电，还有一种特殊的闪电叫作"球状闪电"。球状闪电是在空气中飘浮游动的火球，有时会和强雷暴及普通闪电一起出现，但它却不一定发生在电闪雷鸣之际。球状闪电在运动的过程中，形状和颜色会发生变化，目击者可能会看到碟形、环形、雪茄形等各种形状的闪电。因此，许多人会将球状闪电误认为UFO（不明飞行物）。

# 闪电价值几何

　　如今电能已经成为一种商品，可以测量和定价。如果想计算闪电的价格，我们需要解答的问题是：闪电在放电时会释放出多少电能？如果参照日常用电的价格来计算，这些电能值多少钱？

　　电流做功的快慢叫作"电功率"。电功率等于电压乘以电流，如果用电功率再乘以做功的时间，得到的数值就是电能的大小。闪电的电压非常高，并没有固定的数值，我们可以按照以下方式估算：假设闪电的最初电压是 50 000 000 伏特，电流大约是 200 000 安培。用电压乘以电流可以得出电功率，电功率的单位是瓦（特）。但要注意一点，闪电放电时电压会降为零，所以我们在计算电功率的时侯，要使用平均电压，也就是最初电压的一半。由此我们可以得出：闪电的电功率为 5 000 000 000 000 瓦，相当于 5 000 000 000 千瓦。

看到这么多个 0，你是不是觉得闪电肯定很值钱？实际上，我们刚刚计算的只是闪电的电功率，如果计算它的电能，还要乘以做功时间，即闪电的持续时间。闪电的持续时间大多极短，只有不到 0.001 秒。也就是说，在不到 0.001 秒的时间里，闪电释放出的电能是 5 000 000 000 000 瓦 ×0.001 秒 =5 000 000 000 焦耳，换算成我们平时熟悉的"度"，相当于 1400 度电。如果按照每度电 0.5 元的价格，就可以算出一次闪电的价格是 700 元。

结果真是令人吃惊，闪电的价格似乎没有我们想象的那么高。

**物理老师这样说**

　　现代电工技术已经非常发达了，人类可以制造出上百万伏的高频电压，甚至可以用人工引雷的方法来模拟自然界中的闪电。截至 2021 年 7 月，中国的科研人员已经连续 16 年开展人工触发闪电试验，人工引雷试验基地自建立以来已成功引雷 190 多次。通过对这些数据进行分析，科研人员研究了雷击发生的过程及其原理，为电力、气象、石化、交通等多个领域提供了雷电的防护方案。

# 慈石与磁石

中国是世界上最早用文字记载磁现象的国家，战国时期的著作《管子》中已有"上有慈石者，下有铜金"的描述，这是世界上有关磁石和磁铁矿的最早记载。古代人看到磁石吸引铁块，联想到慈爱的母亲在呼唤孩子，于是把磁石叫作"慈石"。有意思的是，法国人对磁石也有类似的叫法，法语 aimant 有"磁铁"和"慈爱"两个意思。

古希腊人对磁石的吸引力惊叹不已，他们由此联想到古希腊神话中的"力量之神"赫拉克勒斯（Heracles），于是把磁石称为"赫拉克勒斯之石"。如果古希腊人看到现代冶金工厂里能够举起几吨重物体的磁铁，他们会作何感想呢？不过，工厂里的磁铁并非天然磁石，而是人工制造的电磁铁。电流通过绕在铁芯周围的线圈，使电磁铁产生强大的磁场。

除了铁之外，还有很多金属会受到磁力的作用，比如镍、钴、锰等，只是它们受到的吸引力不如铁那么强。还有一些反磁性金属，比如锌、铅等，它们会受到磁铁的排斥。

## 物理老师这样说

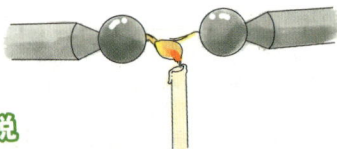

不仅是固体，液体和气体也会受到磁力的作用，只是作用力非常弱。我们只有使用磁性很强的磁铁，才能观察到这些物质所受的磁力作用。例如，纯净的氧气能被电磁铁吸引。如果我们把一个充满氧气的肥皂泡放在磁性极强的电磁铁的两极中间，肥皂泡在磁力的作用下会变形，并向两极伸展。将蜡烛的火焰放在磁性极强的电磁铁的两极之间，火焰也会变形。

# 什么时候指南针的
# 两端都会指向北方

　　将指南针放在水平的桌面上，你会发现指南针的北极总是指向地球的北方，南极总是指向地球的南方。这是因为地球本身就是一个巨大的磁体，它有两个磁极，分别是南磁极和北磁极。但是，它们与地理上的两极并不完全重合，地球的南磁极位于地理的南极附近，北磁极位于地理的北极附近。由于同名磁极相互排斥，异名磁极相互吸引，指南针的北极会被地球的南磁极吸引，而指南针的南极会被地球的北磁极吸引。这种相互作用导致指南针总会指向地球的磁极方向。

　　有趣的是，地球上存在一个特殊的地方，让

指南针的两端都会指向同一个方向，这个地方就是地球的磁极。如果我们将指南针放在地理南极上，它的两端都会指向北磁极，也就是北方。这时候，无论我们往哪个方向走，都是往北走，因为在南极点上只有北方，没有其他方向。同样的道理，如果我们将指南针放在地理的北极，它的两端就都会指向南方。

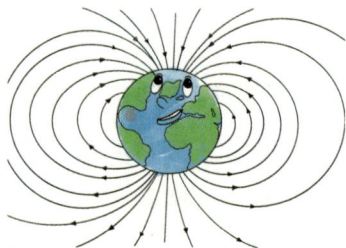

**物理老师这样说**

中国宋代的学者沈括在他所著的《梦溪笔谈》中说："方家以磁石磨针锋，则能指南，然常微偏东，不全南也。"也就是说，地理的两极和地球的磁极并不重合，磁针指的南北方向与地理的南北方向有一定的偏差。沈括是世界上最早记录这一现象的人，比西方的科学家早了400多年。

# 磁针实验

　　我们先来做一个有趣的实验。用一块马蹄形的小磁铁靠近水面浮着针的碟子，我们会发现，碟子里的缝衣针会往磁铁的方向漂去。如果我们先用磁铁顺着同一个方向摩擦缝衣针，再把缝衣针放到碟子上，实验效果就会更明显。这是因为用磁铁摩擦过的缝衣针有了磁性，成了磁针。这时，即使我们用没有磁性的铁块靠近碟子，缝衣针也会向铁块的方向漂。

　　我们还可以用有磁性的缝衣针做另一个实验。把磁针放在碟子上，它会像指南针一样，始终指向南北方向，即使我们转动装有磁针的容器，磁针也仍然一端朝北一端朝南。这时，我们如果用磁铁的一端靠近磁针的某一端，就会发现磁针或被磁铁吸引，或被磁铁排斥。这一现象说明了磁铁间的相互作用：同名磁极相互排斥，异名磁极相互吸引。

明白了磁针运动的原理后，我们就可以制作一艘神奇的纸船。制作方法很简单：折一只纸船，在船舱里藏一枚磁针。然后，我们偷偷地在手心里藏一块磁铁，就可以在不碰纸船的情况下，控制纸船的航行方向。是不是很神奇？展示给你的同学吧，他们肯定会大吃一惊！

物理老师这样说

司南是最早的磁性指向器，它是以磁学原理制成的导向装置，在任何天气条件下都能不分昼夜地工作，迅速指出南方，操作简便、易于携带。后来，人们又发明了指南针、水浮磁针、指南鱼、罗盘等。中国的磁针和罗盘经由海上丝绸之路传入西方，对人类文明的进程产生了重大影响。

# 看不见的磁场和
# 假想的磁感线

　　如果把磁针拿到一个磁体附近，磁针就会发生偏转。即使磁针和磁体没有接触，它们之间还是会产生力的作用。这是因为磁体周围存在一种物质，这种物质看不见、摸不着，我们称之为"磁场"。

　　人类无法感知磁场的存在，但是可以借助其他物体来判断磁铁周围是否存在磁场。最好的方法就是将铁屑均匀地撒在一张光滑的厚纸上或一块玻璃板上，再将一块磁铁放在厚纸或玻璃板下面，这时，铁屑就会被磁化。轻轻敲击厚纸或者玻璃板，已经磁化的铁屑会在磁力的作用下移动，

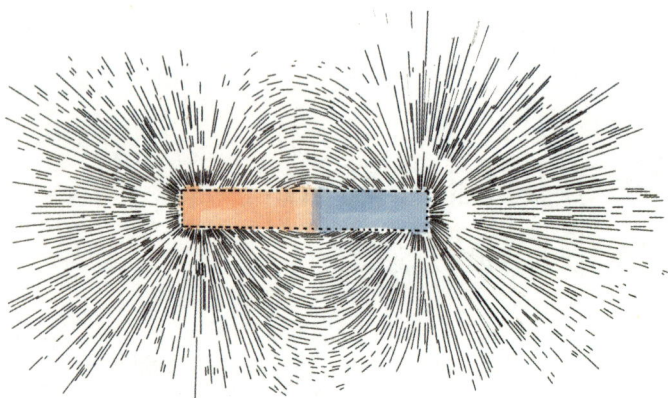

并整齐地分布。为了更直观地展现磁场，我们可
以将这些铁屑形成的线条画出来，这些线条就叫
作"磁感线"。

　　仔细观察磁感线，我们可以看到铁屑从一个
磁极分散开来，在磁铁两极之间形成一些短弧和
长弧，并且离磁极越近，铁屑形成的磁感线就越
密集、清晰；离磁极越远，铁屑形成的磁感线就
越稀疏、模糊。这种现象说明磁场的作用范围是
有限的，它的强度会随着距离的增加而减弱。

很多动物对磁场有着惊人的感知能力。大家都知道信鸽具有卓越的长距离飞行的本领，它们能从2000千米以外的地方飞回家。如果将一块磁铁绑在信鸽身上，它们就会偏离飞行路线，最终甚至会迷失方向；当遇到强烈的磁暴或者飞到巨大的无线电发射台附近时，信鸽也会失去定向的能力。由此可见，信鸽是靠地磁场来辨认方向的。

# 铁块如何产生磁性

在研究铁块如何产生磁性之前，我们先要弄清楚铁块与磁铁的区别。铁块是由很多铁原子构成的，我们可以将每个铁原子都看作一块微型磁铁，有南极和北极两个磁极。铁块中，铁原子的排列是无序的，它们之间形成的磁场会相互抵消（图a），导致铁块没有磁性。

图 a

而磁铁中的铁原子都是有序排列的，且同名的磁极全都朝着相同的方向（图b），从而形成了磁场，产生了磁性。

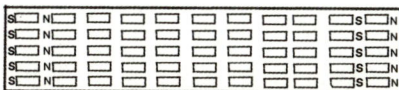

图 b

如果我们用磁铁摩擦铁块，铁块内部会发生哪些变化呢？在磁铁吸引力的作用下，铁块中所有铁原子的同名磁极都会转向同一个方向。如图 c 所示：磁铁靠近铁块时，铁块里铁原子的南极都指向磁铁的北极；把磁铁移到铁块的中部后，铁原子就会顺着磁铁运动的方向排列，南极朝着铁块的中部。如果我们将磁铁沿着铁块，从左向右摩擦，重复几次，铁块中的铁原子就变成有序排列的了，铁块就被"磁化"了。

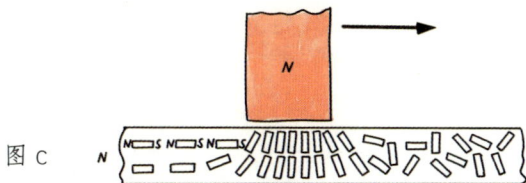

图 c

通过上面的分析，我们知道了磁铁是如何磁化铁块的。这种磁化的方法是最古老的，也是最简单的，不过只能用来制造一些磁力比较弱的小型磁铁。想要制造强力的磁铁，还是需要利用电流。

## 物理老师这样说

你有没有试过一直撕一张纸，直到撕不动为止？你会发现，纸的本质并没有变。如果我们能借助工具来操作，将纸撕到极限，会发生什么呢？世间万物，包括你正在撕的纸都是由分子、原子组成的。一张纸被分解到极限，就会变成一个个分子和原子。

# 电流的磁效应

在很长一段时间内，人们认为电现象和磁现象是彼此独立、互不相关的。18世纪后期，康德、谢林等德国哲学家提出了自然的统一性观点。康德曾经说过："自然力是统一的。"也就是说，在自然界中，各种力都有联系，能量可以相互转换。

后来，更多哲学家和科学家意识到：各种自然现象之间应该存在普遍联系。丹麦物理学家奥斯特也是这样认为的，他一直努力用实验寻找电与磁的联系。但当时人们观察到的力的方向都在物体延长线上，即都是所谓的"纵向力"。受这个观念的限制，奥斯特总是把磁针放在导线的延长线上，然而实验均以失败告终。1820年4月，他在上课时，无意中把导线沿南北方向放在一个带玻璃罩的指南针的上方，在给导线通电的一瞬间，小磁针竟然转动了，并在垂直于导线的方向停了下来。这个现象可能没有引起听众的注意，但却令奥斯特激动万分，他怀着极大的兴趣又进行了多次实验，终于证实了通电导线的周围存在与电流方向有关的磁场，并且第一个发现了电与磁之间的联系，也就是电流的磁效应。

　　奥斯特是丹麦物理学家，1777 年出生在一个药剂师家庭。17 岁时，他以优异的成绩考入哥本哈根大学，学习医学和自然科学。博士毕业后，他留在学校，成为一名大学讲师，讲授电学、磁学的课程。1820 年 7 月，奥斯特发表了一篇仅有 4 页的论文，论文篇幅虽短，却引起了欧洲物理学界的巨大震动，大批实验成果接连涌现，由此开辟了物理学的新领域——电磁学。法拉第对此评价道："他猛然打开一扇科学领域的大门，过去那里是一片漆黑的，如今已充满光明。"

# 磁力与魔术

有时候，魔术师在设计魔术时也会利用电流的磁效应。想象一下，利用这种看不见的力量，魔术师可以表演出多少精彩的魔术啊！

魔术师在舞台上准备一个小箱子，箱子上包着铁皮，箱盖上有把手。主持人邀请一位观众上台举起箱子，并向其他观众展示，然后再把箱子放下。接下来，魔术师会暗中打开开关，这时，无论这位观众怎么用力，箱子都纹丝不动，就像被钉在了地上。

这不是魔法的力量，而是物理知识的力量。利用前面提到的电流的磁效应，我们可以制作一块电磁铁：把一根导线绕铁钉缠绕几圈，当有电

流通过导线时，铁钉就
会产生较强的磁性，没
有电流时，铁钉就会失
去磁性。我们把这种磁
体叫作"电磁铁"。

了解了电磁铁的原理，我们就能揭晓上面的
魔术的奥秘：铁皮箱子被放在一个磁性强大的电
磁铁的磁极上，魔术师用开关来控制电流。没有
电流通过时，人们可以轻松地举起箱子；一旦给
电磁铁的导线圈通上电，就算两三个人一起发力，
也难以挪动箱子。

物理老师这样说

工业生产中时常需要高电压、强电流电路来
驱动巨大的机器，这时使用电磁继电器替代人工
来控制电源会更安全。电磁继电器是工业生产
中最常见的电磁铁装置，它利用电磁铁来控制
工作电路的开关。

# 功能强大的电磁起重机

　　在冶金厂里，我们会看到帮助工人搬运大型货物的电磁起重机，它提起和搬运铁块的能力非常强，可以直接搬运几十吨重的大铁块或机器零件，也可以搬运铁片、铁丝、铁钉、废铁等零散的材料。搬运过程不需要人工装箱或打包，人力得以节省，工作程序更是得到了简化。

　　电磁起重机非常大，直径可达 1.5 米，一台电磁起重机一次可以举起 16 吨的重物，相当于一节火车车厢。一台电磁起重机一昼夜可以搬运 600 吨货物。不仅如此，还有一种电磁起重机一次可以搬运 75 吨货物，相当于搬运一整辆吊车！一家冶金厂如果拥有 4 台电磁起重机，每台起重

机一次搬运 10 根铁轨，就可以节省 200 个工人的人力。

电磁起重机就是一块巨大的电磁铁。电流通过电磁铁线圈时会产生磁场，当磁场与物体相互作用时，物体会受到磁力的吸引而被提起，从而被搬运。只要电磁起重机的线圈里的电流不断，重物就不会从机器上掉下来。

不过，如果电流突然中断，灾难就难以避免了。美国的一家工厂曾发生了断电事故，巨大的金属块瞬间从电磁起重机上掉落，造成了人员伤亡。之后，为了避免类似的悲剧再次发生，同时也为了节省更多的电能，人们在电磁铁上安装了一种特殊装置：电磁起重机举起重物后，坚固的钢爪会将重物紧紧扣住。这样，即使突然停电，也不会造成事故。

## 物理老师这样说

电磁起重机可以搬运铁块，但是无法搬运高温的铁块。这是因为铁块只有在一定的温度范围内才能被磁化，而高温会破坏铁块的磁性。同样，磁铁在高温下也会失去磁性，使磁铁失去磁性的温度临界点叫作"居里温度"。

# 物体能悬浮在空中吗

　　一位工人曾在电磁铁工作时观察到了有趣的现象：电磁铁吸引了一个连着铁链的铁球，由于铁球的链子被固定在了地面上，所以铁球无法紧贴磁铁，它们之间保持着一掌宽的距离。一根铁链直立在地面上，这个画面着实令人惊叹不已！磁铁的力量竟然如此强大，可以让铁链保持直线。这条铁链甚至能承受一个人的重量。这个现象再次展示了电磁铁的强大力量。

　　早在 1774 年，当电磁铁还没有出现时，瑞士科学家欧拉就曾在一本书中写下了这句话："利用磁力使物体悬浮似乎是可行的，因为有些人造的磁铁已经可以举起 100 磅（1 磅约 0.45 千克）

的重物了。"

不过，以前的技术水平有限，人们认为磁铁的吸引力只能让物体保持一时的平衡，只要有微小的干扰，哪怕只是空气的流动，平衡就可能在瞬间被打破。后来，有人尝试利用磁铁与物体间的斥力来使物体悬浮。人们发现，如果将两块磁化的铁块的同名磁极相对放置，它们就会相互排斥。如果上面的铁块重量适中，它就会悬浮在空中，不会碰到下面的铁块，且保持平衡的状态。

物理老师这样说

　　电磁铁与被吸引的物体之间的距离越大，磁铁的吸引力就越小。如果在电磁铁与被吸引的物体之间放入一些材料，磁铁的吸引力也会受到影响。例如，当一块蹄形磁铁直接接触物体时，能够吸起 100 克的物体；如果在磁铁和物体之间放一张纸，磁铁就只能吸起 50 克的物体了。因此，即使油漆能够防止磁铁生锈，人们也不会在磁铁的两端涂上油漆。

# 磁悬浮列车

　　很早以前，有人就提出了这样的设想：如果在铁路上行驶的火车是"没有重量"的，火车就不会压在铁轨上，火车和铁轨之间的摩擦力也会大大减小。按照这个思路，人们发明了磁悬浮列车——列车不接触铁轨，而是悬浮在铁轨之上。

　　虽然火车与铁轨之间没有了摩擦力，但是火车和空气之间的摩擦力依然存在，且火车的速度越快，火车与空气间的摩擦力就越大。那么如何解决这个问题呢？有人提出了一个好办法：让火车在真空的管道里行驶，它就不会受到空气阻力的影响了。原理上这是可行的，但目前还无法实现。

　　磁悬浮列车的启动方法也与普通列车的不

同。磁悬浮列车会像炮弹一样，被"发射"出去。只不过，"炮弹"已经被磁化了。车站有一种安装了螺线管的发射装置，当电流通过时，螺线管会产生均匀的磁场，吸引磁化了的列车。螺线管吸引列车的过程非常快，当螺线管的线圈足够长、电流足够大时，列车会获得极高的速度。这样一来，一旦列车进入运动状态，由于惯性，列车将保持启动速度，一直做匀速直线运动，根本不需要列车头的牵引。

**物理老师这样说**

2017 年 8 月，中国航天科工集团有限公司发布信息，开展"高速飞行列车"的研究，希望利用超导磁悬浮技术和真空管道，实现超音速的"近地飞行"。该公司计划分三个阶段研制最高时速分别能达到 1000 千米、2000 千米、4000 千米的高速飞行列车。如果列车的运行速度真的能达到 4000 千米/时，那么从武汉到北京大约 1200 千米的距离，只需要 18 分钟左右就能走完！

# 磁力永动机

在众多制造永动机的设想中，有很多都利用了磁铁的性质。很多发明者都曾多次使用磁铁来制造永动机，下面我们就来介绍 17 世纪一位英国主教的设计方案。

图中的柱子上有一块磁力强大的磁铁 A，在柱子旁还放着两个木槽 M 和 N，木槽 M 叠放在木槽 N 之上。在木槽 M 靠近铁球 A 的一端有一个小孔 C，木槽 N 是弯曲的。如果把铁球 B 放在木槽 M 上，那么铁球 B 会受到磁铁 A 的吸引而向上滚动。滚到小孔 C 处时，铁球 B 就会通过小孔 C，落到木槽 N 上，然后一直滚到木槽 N 的末端，并通过缺口 D 回到木槽 M 上。这时，铁球

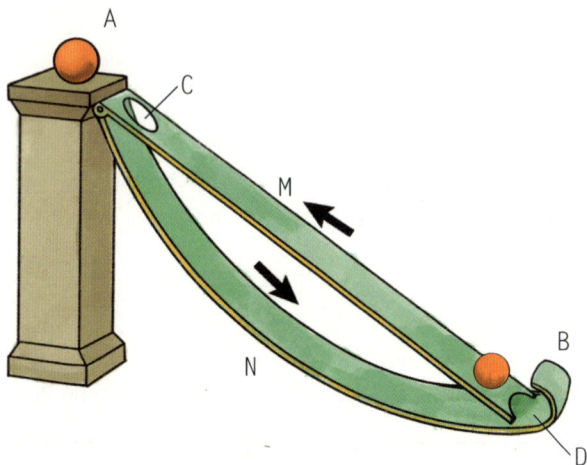

B 又会在磁铁 A 的磁力作用下，再次向上滚动，重复刚才的运动，从而实现永动。

　　指出这一设计的漏洞并不难。如果只考虑重力的影响，铁球 B 加速滚到木槽 N 的末端后，通过缺口 D 回到木槽 M，这是有可能发生的。然而实际上，铁球 B 除了受到重力作用以外，还会受到磁铁 A 的磁力的作用，当铁球 B 沿着木槽 N 滚动时，它的速度会减慢，不会加速向下滚。即使铁球 B 能滚到木槽 N 的末端，它此时的速度也无法使它通过缺口 D 并再次向上滚动了。

物理老师这样说

人们曾经用各种实验来反复验证上述设计。令人惊讶的是，1878 年，一个德国人改进了设计，还为这项荒谬的发明申请了专利。按照相关章程，不符合自然规律的发明是没有资格获得专利权的。两年后，这项发明专利失去了法律效力。

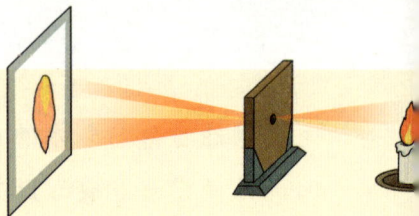

## 词汇表

**勾股定理**
在平面上的直角三角形中，两条直角边边长的平方之和等于斜边边长的平方。

**介质**
在某些物理现象中，作为媒介的物质。例如，光可以在空气中传播，空气就是光传播的介质。

**光的反射**
光在两种介质的分界面上改变传播方向，返回原介质的现象。

**光的折射**
光从一种介质射入另一种介质中时，传播方向发生偏折的现象。

**凸透镜**
中央较厚，边缘较薄的透镜。

**凹透镜**
中央较薄，边缘较厚的透镜。

**电荷**
物体或构成物体的质点所带的具有正电或负电的粒子，带正电的粒子叫作正电荷，带负电的粒子叫作负电荷。同种电荷相互排斥，异种电荷相互吸引。

**摩擦起电**
用摩擦的方法使两个不同的物体带电的现象。本质是电荷的转移。摩擦过的物体会带电荷，能够吸引又轻又小的物体。

**电功率**
表示电流做功快慢的物理量。

**磁极**
磁铁上吸引力最强的部分。同名磁极相互排斥，异名磁极相互吸引。

**磁场**
磁体周围存在的一种物质，虽然看不见、摸不着，但能使磁针偏转。

**磁感线**
用来表示小磁针在磁场中排列情况的带箭头的曲线，可以直观、形象地描述磁场。

# "物理老师这样说

## 这样说

## 有点儿难的物理

[俄罗斯] 雅科夫·伊西达洛维奇·别莱利曼 著

马文睿 编译　王婧瑜 绘

北京科学技术出版社

100层童书馆

**注意：** 请确保在安全环境及成人监督下进行书中所述物理实验。切勿尝试任何超出自己理解或能力的实验，以避免潜在的危险。

**图书在版编目（CIP）数据**

物理老师这样说. 有点儿难的物理 / （俄罗斯）雅科夫·伊西达洛维奇·别莱利曼著；马文睿编译；王婧瑜绘. -- 北京：北京科学技术出版社，2024.4
ISBN 978-7-5714-3266-9

Ⅰ. ①物… Ⅱ. ①雅… ②马… ③王… Ⅲ. ①中学物理课 – 初中 – 教学参考资料 Ⅳ. ① G634.73

中国国家版本馆 CIP 数据核字 (2023) 第 192785 号

---

**策划编辑：** 谭振健
**责任编辑：** 郑宇芳
**封面设计：** 刘邵玲
**图文制作：** 雷　雷
**责任校对：** 贾　荣
**营销编辑：** 赵倩倩
**责任印制：** 吕　越
**出 版 人：** 曾庆宇
**出版发行：** 北京科学技术出版社
**社　　址：** 北京西直门南大街 16 号
**邮政编码：** 100035
**电话传真：** 0086-10-66135495（总编室）
　　　　　　0086-10-66113227（发行部）
**电子信箱：** bjkj@bjkjpress.com
**网　　址：** www.bkydw.cn
**印　　刷：** 天津联城印刷有限公司
**开　　本：** 787 mm × 1092 mm　1/32
**字　　数：** 55 千字
**印　　张：** 3.5
**版　　次：** 2024 年 4 月第 1 版
**印　　次：** 2024 年 4 月第 1 次印刷
**ISBN** 978-7-5714-3266-9

**定　价：** 200.00 元（全 5 册）

# 学好物理的秘诀

作为一名中学物理老师，我被问到最多的问题就是："怎样才能学好物理？"其实，物理源于生活，想要学好物理，就要先学会做生活的有心人。这意味着你需要善于观察，乐于实践，勤于思考，并学会将理论知识与实际生活联系起来。

比如，你在冬天看到水结成了冰时，思考过这是为什么吗？结冰需要什么条件？如何制作冰块？我们可以用冰来做些什么？如果你能经常这样思考，相信一段时间之后，你会对这个世界有更深的理解。

在我读初中的时候，别莱利曼的书是我最喜欢的科学启蒙读物。书中内容丰富，尽管有许多复杂的公式和计算，有些甚至达到高中和大学知识的难度，但别莱利曼独特的叙述方式依然激发了我对物理的浓厚兴趣。

《物理老师这样说》里的文章是从别莱利曼原著中精心挑选和整理出来的，并按照初中物理教材的顺序进行了分类。即便你刚接触物理，也能够真实感受到：物理不仅是充满趣味的，而且与生活息息相关。通过阅读和观察，你可以思考生活中的物理现象，为未来的物理学习打下坚实的基础。

总之，学好物理的关键，是要带着探索的心态去理解这个世界，是要有一双善于发现的眼睛。只要保持好奇心和求知欲，你就会发现物理的魅力所在。

欢迎进入神奇的物理世界！

马文奇

# 目录

# 大力士马提夫
# 和欧拉公式

　　儒勒·凡尔纳的小说《桑道夫伯爵》里有一个叫马提夫的大力士，他个头很高，胸膛壮得像冶铁的鼓风炉，腿粗得像树桩，拳头大得像铁锤。马提夫有不少惊世骇俗之举，其中最引人注目的就是徒手拉住了正要下水的"特拉波克罗"号大船。凡尔纳这样写道：

　　　　支撑船身的物体已经移走，船已经做好了下水的准备。只要解开缆索，船就会离开岸边，顺着水流滑下去。有五六个木工已经在船的龙骨下紧张地忙碌着，观众们则好奇地看着他们工作。就在这时，一艘快艇进入了人们的视线，它绕过岸边凸起的地方急速行驶着。快艇如果要进入港口，就必须从"特拉波克罗"号要下水的船坞前开过去。所以，船工为了避免意外发生，一听见快艇的信号，就赶紧停止了解缆工作，想让快艇先开过去。要知道，"特拉波克罗"号是横着驶入大海的，而快艇正以极快的速度冲过来，快艇如果撞到了大船，一定会沉没的。

夕阳下，"特拉波克罗"号白色的篷帆就像镀了一层金漆，非常华丽，所有的人都注视着它。此时，工人们已经停止了手头的工作。快艇速度很快，已经出现在船坞的正前方。此时，船坞上无数的观众都目不转睛地盯着它，想看它能否安全地冲过去。突然，人群中传来了一阵惊呼，原来在快艇的右舷正对着"特拉波克罗"号大船的时候，大船竟然摇摇摆摆地滑下去了，而且正以很快的速度斜着向下滑去。此时，大船的船尾已经入水了，船头也升起了因摩擦而产生的烟雾……眼见这两条船就要撞上了——一场可怕的灾难似乎已无法避免！

　　这时候，突然有一个人出现了！他用手抓住了"特拉波克罗"号船身上的缆索，身子几乎贴在了地面上。他铆足了劲儿，拉着大船，只用了1分钟，就把船拉了回来，把缆索固定在了地上的铁桩上。这时候，他依然冒着被摔死的危险，一直用手紧紧地拉着缆索，坚持了十几秒钟。最后，缆索断了。但就在这宝贵的十几秒的时间里，快艇迅速开了过去，只是与"特拉波克罗"号轻轻地擦了一下。缆索断了，大船也迅速地向前滑去。

就这样，在大力士的帮助下，快艇得救了。而这位化解灾祸的英雄，就是马提夫。他的动作实在太迅速了，当时甚至没有一个人来得及帮他一把。

其实，在当时的情况下，要想避免两船相撞的灾难发生，可能并不需要大力士，也不需要大力士那样超级大的力量——一个身手敏捷的人就能做到同样的事情。

根据力学原理，绳索在木桩上滑动时，产生的摩擦力可以达到最大，而且绳索缠绕在木桩上的圈数越多，摩擦力越大。当圈数按照算术级数增加的时候，摩擦力就会按照几何级数增加，这就是摩擦力递增的规律。所以，就算是一个小孩子抓着绳头，只要能快速把这条绳索在一个固定的木桩上绕个三四圈，这样产生的摩擦力就可以与一个相当大的重物的重力平衡。

所以我们看到，一些在轮船码头上工作的船工能拉着载有几百个乘客的轮船靠岸，利用的就是这个原理。拉动轮船靠岸靠的可不是这些工人的臂力，而是绳子与木桩之间产生的巨大摩擦力。

18 世纪的著名数学家欧拉已经算出了摩擦力大小跟绳索在木桩上缠绕圈数之间的关系。

$$F=fe^{ka}$$

其中，f 表示我们施加的力，F 表示 f 的阻力，e 为自然常数，即 2.718……，k 表示绳子和木桩之间的摩擦系数，a 表示绳索绕圈的弧长与弧的半径之间的比值，即绕转角。

下面，将小说情节中的数据套用到这个公式中，并计算一下，你会发现结果非常令人吃惊。小说中，船重 50 吨，假设船坞的坡度是 1/10，那么整条船的重量并非全部作用在缆索上，而是全部重量的 1/10，也就是 5 吨或者 5000 千克。力 F 是船对缆索的拉力。假设缆索和铁桩的摩擦系数 k 为 1/3，且马提夫将缆索在铁桩上绕了 3 圈，此时 a 的值也可以算出来了。

$$a = \frac{3 \times 2\pi r}{r} = 6\pi$$

我们将这些数值代入欧拉公式，得到如下结果。

$$5\,000 = f \times 2.72^{6\pi \times \frac{1}{3}} = f \times 2.72^{2\pi}$$

我们需要的人力 f 就可以计算出来了。

$$f \approx 9.3 \text{ 千克}$$

实际上，这个大力士只需要用不到 10 千克的力就能够把缆索拉住！

可能有人会觉得，10 千克只是理论上的数据，真的去拉的话肯定需要更大的力。实际恰恰相反，10 千克的结果已经相对较大了。古代，人们是用麻绳把船系在木桩上的。这两样东西间的摩擦系数 k 可比上面假设的数值大多了，所以实际需要的力更小。即使是没什么力气的小孩子，只要绳索足够结实、牢固，能够承受得住拉力，将绳索在木桩上绕三四圈之后，他也能把船拉住，立下和大力士一样的功劳，甚至还可能胜过大力士。

## 物理老师这样说

　　欧拉出生于瑞士，是 18 世纪数学界最杰出的人物之一。小时候他就特别喜欢数学，不满 10 岁就开始自学《代数学》。1720 年，13 岁的欧拉考入了巴塞尔大学，得到当时最有名的数学家约翰·伯努利的用心指导，轰动了数学界。他从 19 岁开始发表论文，在半个多世纪的时间里写下了浩如烟海的书籍和著作。

# 打结和欧拉公式

你可能没有意识到，在现实生活中，欧拉公式给我们带来了诸多便利。

例如，我们可以用不同的方式将绳子缠绕在一起，打成各种各样牢固的绳结，比如平结、水手结、蝴蝶结等。绳结不容易松动是因为绳子之间有摩擦力。如果仔细观察，你就会发现绳结里都有很多弯曲的折叠，这些折叠就是绳子缠绕的次数，折叠越多，绳子的绕转角就越大，摩擦力也会越大，这个绳结自然就越牢固。

钉纽扣时，我们总会先将线在纽扣里绕许多圈，再打结并把线剪断。只要线足够结实，纽扣就不会脱落。其实，这种做法也用到了上文所提到的原理。当线的圈数按照算术级数增加时，纽扣的牢固程度将按照几何级数增加。如果没有摩擦力，恐怕我们就不能使用纽扣了，因为纽扣会在重力作用下松动散开并掉下来。

## 物理老师这样说

摩擦力与我们的生活息息相关。老师在黑板上写字是利用粉笔与黑板间的摩擦力；走路时，人们要利用鞋底与地面间的摩擦力，摩擦力太小，走路容易滑倒（摩擦力过大也会走路困难）；汽车、自行车刹车时都要利用摩擦力，尤其在雨雪天，由于摩擦力减小，车辆刹车时不容易停住，还容易发生交通事故……我们可以发现，上面这些情况，其实都是一个物体在另一个物体表面上做相对运动，或者是有相对运动趋势同时又保持相对静止，这时两个物体的接触面就会产生一种阻碍物体相对运动的力，这个力就叫摩擦力。而第一种情况下产生的力叫滑动摩擦力，第二种情况下产生的力叫静摩擦力。如果我们用一个比较小的力去推地面上的箱子，没推动，那么地面与箱子之间的摩擦力就是静摩擦力；如果我们用合适的力推箱子，箱子在地面上运动，那么地面与箱子之间的摩擦力就是滑动摩擦力。

# 逆风行船

经验丰富的水手都知道，在完全逆风的情况下驾驶帆船几乎是不可能的。只有船帆与风向能够形成锐角时，帆船才能前进，这个角度通常是22°。你知道这是为什么吗？

你也许会认为，风往哪里吹，帆船就能向哪里前进。事实并非如此，因为无论风向如何，风对帆面产生的作用力始终垂直于帆面，正是这个作用力推动着帆船前进。如图所示，箭头代表风向，线段AB代表船帆，R代表风对船帆的压力（整个船帆上的风力是均匀分布的），压力R作用于船帆的中心。根据平行四边形法则，我们可以将压力R分解为两个力：一个是跟帆面垂直的力Q，另一个是与帆面平行的力 P。因为风与帆面之间的摩擦力很小，所以力 P 并不能推动船帆，只有力 Q 会顺着与帆面垂直的方向，推动船帆前进。

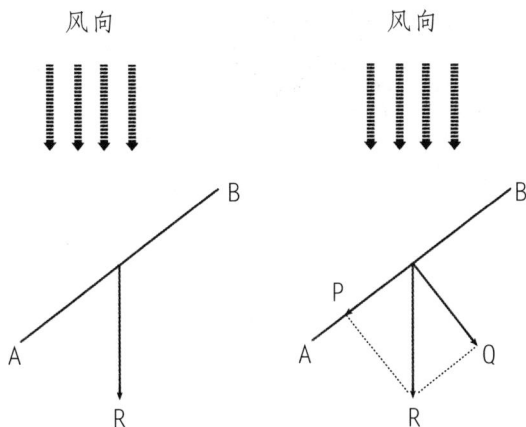

那帆船是如何在与逆风成锐角的情况下前进的呢？如图所示，AB 表示帆面，KK 代表帆船的龙骨线。龙骨是帆船底部的一个纵向构件。箭头代表风向，风向与帆船的龙骨线 KK 成锐角。我

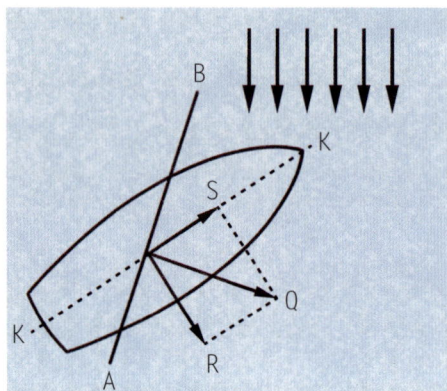

们使帆面 AB 恰好位于龙骨线 KK 和风向所成夹角的角平分线上。已知风对船帆的压力 Q 垂直于帆面。我们再将力 Q 分解为两个力：一个是垂直于龙骨线 KK 的力 R，另一个是顺着龙骨线 KK 指向前进方向的力 S。帆船的龙骨在船的底部，吃水较深，所以帆船在朝 B 的方向前进时，水流的阻力会抵消力 R。于是，只剩下力 S 推动帆船向前进行（使帆位于龙骨线与风向所成夹角的角平线上，是因为只有在这种情况下，力 S 最大）。

由此可见，帆船跟风向之间是存在一个角度

的，给人的感觉帆船好像在逆风行驶。通常，帆船的航行路线呈"之"字形，如图所示。水手们会将帆船的这种行驶方式称为"抢风行船"。

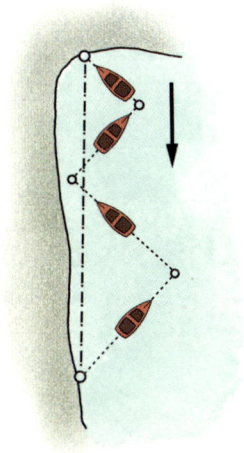

**物理老师这样说**

　　如果作用在一个物体上的两个力形成夹角，那这两个力的合力就不是将两个力直接相加，而要遵循力的合成与分解的基本法则——平行四边形法则。我们把作用在同一点上的两个力 $F_1$ 和 $F_2$ 作为平行四边形的两条邻边，补全这个平行四边形后，平行四边形的对角线就可以代表这两个力的合力的大小和方向。

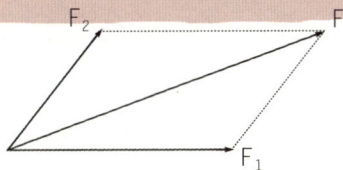

# 如何从正在行进的
# 车厢跳下来

　　"如果你想从一辆正在行进的火车上跳下来，向哪个方向跳才最安全？是向前跳，还是向后跳？"如果单纯从物理学的角度考虑，我们向哪个方向跳才能更安全地着陆呢？

　　根据惯性原理，我们的身体离开车厢时，还是会保持和火车一样的速度向前运动。如果我们向前跳，那么我们的速度就等于火车的速度和跳跃的速度的和，显然要大于火车的速度。

　　而如果我们向后跳，我们的速度就等于跳跃的速度减去火车的速度，我们的速度就会比火车慢。从安全的角度来看，我们的速度越慢，落地时我们受到的冲击力就越小，也就越不容易受伤。

从物理学的角度来分析，我们似乎很容易就能够得出结论：为了更安全地落地，避免受到的地面冲击力太大，应该往后跳。但是，在不得不选择跳车的时候，几乎所有人都会选择向前跳。人们向前跳时，虽然身体的运动速度比向后跳时快，但会习惯性地把一只脚向前伸。如果乘坐的火车速度较快，人们还会向前跑好几步以作缓冲，而脚向前伸，就可以很好地避免摔倒。我们从小到大都是将脚向前迈来走路的，已经习惯了这个动作。而人如果向火车行进的反方向跳，身体会向后倒，虽然身体的运动速度慢，但我们的脚不能做出迈步的动作来使身体得到缓冲，这样我们摔倒时反而更危险。更重要的是，人如果是向前摔倒，就可以用手来支撑身体；但如果向后摔倒，手无法支撑身体，后背甚至后脑勺着地，受伤肯定更重。

选择从哪个方向跳车，不能只考虑惯性这一个因素，而要考虑人类的行为习惯和自我保护意识。但对没有生命的物体来说，它们不会走路，也没有意识，惯性就成了决定性因素。比如，我们从车厢中扔出一个玻璃瓶，向前时玻璃瓶落地速度更快，显然就更容易摔碎。所以，如果迫不得已要跳车，有行李的话，行李要向后扔出，人要向前跳。

**物理老师这样说**

　　向前跳对没有什么跳车经验的普通人而言是最好的选择，但对有经验的人来说，他们跳车的方法又有所不同——面向火车前进的方向，也就是面朝车头向后跳。这样跳车有两个好处。第一，跳车方向与火车行进方向相反，身体的速度相对较小。第二，跳车后人摔倒的方向就是火车行进的方向。人面朝车头，就意味着摔倒时可能是趴着的，避免了仰面摔倒这样更危险的动作。不过，这样跳车难度比较大，未经训练建议不要尝试。

# 一道看似简单的数学题

将一个可以装 30 杯水的水桶装满水。然后，把一个杯子放在与这个水桶连接的龙头下面。这时，请盯着手里的表，看一看多久杯子才能装满水。假设杯子装满水需要半分钟。现在，请思考：如果把水桶的龙头一直开着，水桶里的水需要多长时间才能流完？

从表面上看，这道题实在太简单了：既然半分钟流完 1 杯水，那么流完 30 杯水，肯定需要 15 分钟。真的是这样吗？不妨做一个实验来验证一下。你会发现水桶中的水全部流出需要花费不止 15 分钟。

上述计算方法是不正确的。因为这种算法

忽略了一个事实，那就是水流速度在不断改变，并非自始至终都是一样的。在第一杯水流出后，水桶的水位就降低了，水压减小，水流的速度就变慢了。要想把第二个杯子装满，花费的时间会多于半分钟。同理，装第三杯水时，水流得会更慢……以此类推，水桶里的水流光需要的时间比 15 分钟多。

**物理老师这样说**

　　把任何液体装在一个没有盖的容器里，液体从孔里流出来的速度与位于孔上的液体的高度成正比。这个关系是伽利略的学生托里拆利最先发现的，他还用简单的公式把这种规律表达了出来，即：

$$v = \sqrt{2gh}$$

　　其中，$g$ 表示重力加速度，$v$ 表示液体的流速，$h$ 表示孔上面液体的高度。从公式中我们可以看出，液体的流动速度跟液体的密度完全无关。在液面高度一样的情况下，不管是密度小的酒精还是密度大的水银，两者从孔中流出来的速度都是相同的。

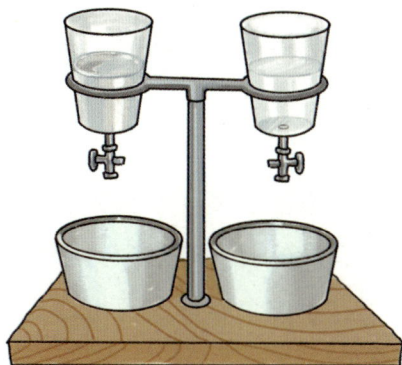

# "牛顿山" 真的存在吗

我们水平扔出一块石头后，石头会落到地面上，我们把石头运动的轨迹称为抛物线。如果用更大的力扔这块石头，让这块石头出发时的速度更快一些，我们就会发现石头会落到离我们更远的地面上。有人就此展开想象：我们能不能给物体一个速度，让这个物体离开地面后再也回不来了呢？

牛顿曾在自己的著作《自然哲学的数学原理》中设想过这样的情况。在重力的作用下，石块在被扔出去后会偏离直线，画出一条曲线，最终掉落到地球上。如果石块被扔出去时，速度更快，它就可以飞得更远。如果石块速度足够快，它就

可以沿着一条非常长的弧线飞行。这条弧线可以
长达 10 英里（约 16.1 千米）、100 英里（约
161 千米）、1000 英里（约 1610 千米），石
块甚至可以飞出地球，再也不回来了。如图所示，
AFB 代表地球表面，C 代表地心。将石块从很高
的山顶 U 向水平方向投掷出去，用 UD、UE、

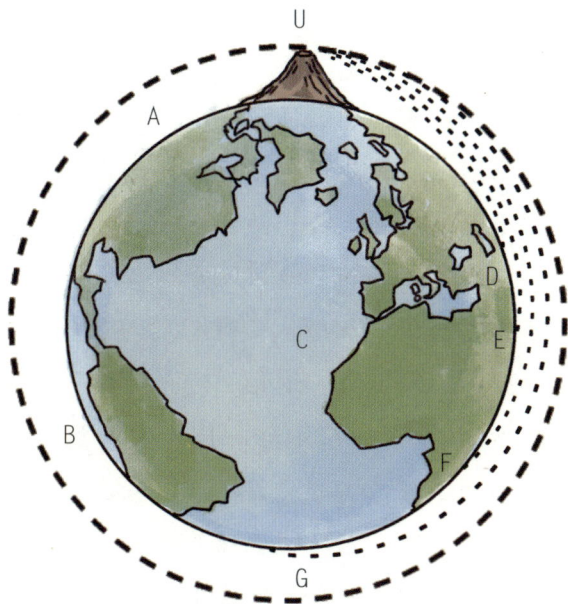

UF、UG 表示它在速度递增的情况下形成的运动轨迹。假设大气不存在（也就是空气阻力忽略不计），那么在速度最小的时候，石块的运动轨迹是 UD；当速度增加时，石块的运动轨迹是 UE、UF 和 UG。只要速度达到一定的数值，石块就能够环绕地球一圈，最后回到"出发"的山顶。因为没有空气阻力，石块回到出发点时，它的速度等于投掷的速度，所以石块将会继续沿着相同的轨迹不停地运动。

如果在这座山的山顶放一门大炮，那么炮弹从大炮里射出后，只要速度足够快，它就会围绕着地球不停地旋转。要想做到这一点，炮弹所需的速度大约是 8 千米/秒。只要炮弹从炮口射出后速度能达到 8 千米/秒，它就能离开地球表面，变成地球的一颗卫星。这颗"炮弹卫星"只需要 1 小时 24 分就可以绕地球一周，它的运行速度是地球赤道上任一点的 17 倍。如果这枚炮弹的速度再快一点儿，它环绕地球的路线将变成椭圆形，并且飞行的轨迹会离地球很远，此时炮弹飞行的初速度要达到 11 千米／秒。需要再次提醒大家的是，以上情况的发生均建立在忽略空气阻力的基础之上。

**物理老师这样说**

　　如果"牛顿山"存在，以现在的航天技术，完全可以在上面发射出一枚火箭，速度达到 8 千米／秒。在天宫二号空间实验室发射的过程中，火箭发射前是垂直放在地面上，起飞后 12 秒，火箭将不再垂直向上飞行，而是转了一个弯，这个动作叫做程序转弯，这样沿着地球的倾斜度来飞行可以节省火箭的燃料。

# 飞向月球的"炮弹车厢"

　　在儒勒·凡尔纳的科幻小说《从地球到月球》中，一个8吨重的"炮弹车厢"被装上火药后点燃并发射，车厢里坐着前往月球的乘客。车厢的飞行速度是16千米/秒，由于空气阻力的作用，飞行速度会减小到11千米/秒。最终，"炮弹车厢"飞出了大气层，到达月球。

　　如果从物理学的角度出发，这个小说虚构的情节能否说得通呢？读者最不易产生怀疑的地方，恰恰是小说情节最站不住脚的地方。车厢如果是靠点燃火药来发射的，那它发射的速度就不可能大于3千米/秒。而且凡尔纳没有考虑到，空气阻力不仅会减缓"炮弹车厢"的飞行速度，而且会极大地影响甚至完全改变"炮弹车厢"的飞行轨迹。也就是说，乘客们很有可能到不了月球。

很多人会觉得，对乘客而言，从地球飞向月球的途中是最危险的。其实真正危险的，是"炮弹车厢"的发射方式：点燃火药。只要操作不当，整节"炮弹车厢"就会直接爆炸。如果"炮弹车厢"里的乘客能够安全出发，之后的旅途就会顺利得多。"炮弹车厢"在宇宙中飞行的速度会很快，不过这不会对乘客造成什么伤害，就像地球绕着太阳公转的速度也很快，但生活在地球上的我们并没有感到任何不适。

　　我们可以利用物理学知识算出物体在地面附近绕地球做匀速圆周运动的速度，等于7.9千米/秒，这个速度叫第一宇宙速度。当速度等于或大于11.2千米/秒时，物体就会克服地球的引力，永远离开地球，这个速度叫第二宇宙速度。如果想让物体挣脱太阳引力的束缚，飞到太阳系外，就必须让它的速度等于或大于16.7千米/秒，这个速度叫第三宇宙速度。

# 一顶能把人压死的礼帽

　　我们再回到《从地球到月球》的故事。对"炮弹车厢"里的乘客而言，"炮弹车厢"在发射时才是最危险的，因为乘客的运动速度要在非常短的时间里从0增加到16千米/秒！难怪在小说中，乘客在等待发射时都瑟瑟发抖。在"炮弹车厢"发射时，乘客会受到来自车厢底部的推动力，这个力非常大。然而，小说里的乘客并没有意识到这会给自己带来多大的危险，在他们看来，最坏的情况不过是头上出点儿血而已。

　　由于发射"炮弹车厢"会用到火药，火药点燃时会产生大量气体，在气体压力的作用下，"炮弹车厢"的速度会不断增加，车厢始终在加速前

进。为了更方便理解，我们假设从 0 到 16 千米 /
秒是匀速增加的。那么，炮弹的速度要在这么短
的时间内达到 16 千米 / 秒，它所需要的加速度
就要达到 600 千米 / 秒 $^2$。

　　加速度 600 千米 / 秒 $^2$ 是什么概念？地球表
面的重力加速度只有约 10 米 / 秒 $^2$；一辆赛车开
始快速运动时，加速度小于 2 米 / 秒 $^2$；一辆火车
在平稳出站时，加速度不超过 1 米 / 秒 $^2$。对比这
些数据，600 千米 / 秒 $^2$，是不是非常夸张？它意
味着，在"炮弹车厢"发射的时候，车厢中的每

一个物体对舱底的压力将会达到这个物体本身重力的 60 000 倍。也就是说，车厢中的乘客会觉得自己比平时重了几万倍，他们会立刻被压死！在"炮弹车厢"发射的瞬间，哪怕是一项普普通通的礼帽，都会变得非常重——如此沉重的礼帽足以把它的主人压死。

小说的作者凡尔纳也考虑到了这种危险，他给"炮弹车厢"设计了一些减轻撞击力的装置，比如缓冲弹簧等。事实上，在"炮弹车厢"发射的瞬间，这些装置的作用非常有限。

物理老师这样说

加速度是描述速度变化快慢的物理量。两个人分别骑自行车和摩托车，从静止到加速至 5 米 / 秒，骑摩托车的人可能只需要 2 秒，但骑自行车的人可能需要 5 秒。这说明同样的速度变化需要的时间是不同的。摩托车加速所需的时间更少，意味着摩托车的加速度更大。

# 怎样减小"炮弹车厢"内部的人造重力

　　如果我们希望"炮弹车厢"发射时，乘客受到的"人造"重力与地球上的重力一样，这个发射通道就要建造得非常长。要想达到这样的效果，通道长度不多不少，恰好是 6 000 千米。这是多长的距离呢？直观点儿说，发射通道差不多要修到地心才行，因为地球的平均半径大约是 6 400千米。这样一来，乘客坐在"炮弹车厢"里就不会有任何不舒适的感觉了。

　　在极短的时间内，人体完全能够承受比平时大几倍的重力，且不会受到伤害。比如，当我们踩着雪橇从山顶上滑下来时，我们的运动方向迅速发生改变，我们受到的重力也急剧增加。也就是说，相比加速前，我们的身体压在雪橇上的力更大，即使重力增加大约是原来的3倍，但我们不会感到不舒服。假设乘客能够在很短的时间内承受10倍的重力，那么发射通道只要600千米长就够了。但在现有的技术条件下，这样的通道是根本建不出来的。

**物理老师这样说**

　　航空航天领域中有一个专业术语叫过载，比如飞行员的身体要承受10倍的自身重力，那么就可以说飞行员的过载等于10。一般人能够承受3至4倍的自身重力。而在训练中，航天员必须承受高速旋转的离心机带来的8倍的自身重力，在这种情况下，航天员往往面部肌肉变形，呼吸异常困难。所以，航天员的选拔对身体条件的要求非常高。

# 失重和超重

　　地球表面的重力加速度约为 10 米／秒$^2$，也就是说，如果一个物体从空中落到地面上，1 秒钟的时间里，速度会从 0 增加到 10 米／秒。同时，这个数字也意味着，这个物体受到重力的大小是它质量的 10 倍左右。你有没有注意到？在电梯开始下降的瞬间，你总会产生一种奇怪的感觉，身体好像变得轻飘飘的，似乎自己即将坠入万丈深渊。这是为什么呢？

　　实际上，这就是失重的感觉。在电梯启动的瞬间，轿厢突然下降，而你的身体还没来得及获得同样的下降速度。这时，身体几乎没有对轿厢施加压力，轿厢也几乎没有给你施加支持力。如果你在脚下放一个体重秤，体重秤的示数会比平时的小，也就是说，你会看到"重力"变小了，即失重。从另一个角度讲，在电梯开始下降的瞬间，你的加速度方向向下，那么你受到的合力方向也一定向下，因此向上的支持力一定比向下的重力小。但是，在下一个瞬间，电梯开始匀速下降，匀速直线运动的你此时处于平衡状态，那么，你受到的重力和地面给你的支持力二力平衡，脚下的体重秤的示数就等于你的体重了。当电梯将要停止时，电梯做减速运动，你的加速度方向向上，因此你受到的合力方向就向上，你受到的支持力将大于重力，体重秤上的示数要比你的实际体重大，这种现象被称为超重。

我们来做一个有趣的实验。我们把一个核桃夹子放在天平左端，将夹子的一条腿放在称盘上，另一条腿用线挂到天平的挂钩上。在天平右端放上砝码，使天平保持平衡。然后，把线烧断。一瞬间，线施加给夹子腿的拉力消失了，天平左端向下的力就会变小，左侧的秤盘就会向上升起，看起来就像夹子的重量变小了一样。这就是著名的罗森堡实验。

物理老师这样说

　　早在 17 世纪，力学理论的奠基者伽利略就曾经说过："我们能感受到肩上物体的重量，那是因为我们让它压到了肩上而不让它落下。如果让这个物体跟我们一起下落，我们就不会感受到它的重量了。"举个例子，如果你在蹦极之类的自由落体运动中，脚下踩着一个体重秤，那么体重秤上是不会有示数的。

# 神奇的瓶子

一般情况下，当瓶子里的水向外流时，随着瓶子里的水位不断降低，水流的速度也会变化。然而，有一种叫做"马略特瓶"的神奇瓶子，不论里面的水向外流多少，水流速度都会保持匀速，不会变慢。

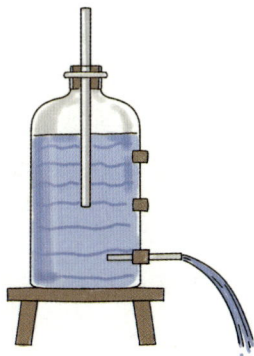

马略特瓶构造示意图

马略特瓶是一个普通的窄颈瓶，瓶塞中间穿过一根玻璃管。打开瓶子侧方的龙头 C，瓶中的液体就会匀速流出，直至液面与玻璃管下端齐平。如果玻璃管在和龙头 C 水平的位置，瓶中的液体就会全部匀速流出。

马略特瓶的原理是这样的：打开龙头 C 后，瓶中液面高度下降，外部空气通过玻璃管进入瓶中。空气在水里产生气泡，这时 B 处水面的压强等于大气压强。因为瓶子内外的大气压力相互抵消，水才会从龙头 C 流出。而 BC 之间水位的高度不变，所以水流速度也保持不变。

拿走与玻璃管下端齐平的塞子 B 时，水根本不会流出。因为在此位置，瓶子内外所受的压强都等于大气压强，没有推动水流出的力。不过，前提是孔 B 非常小，直径可以忽略。

拿走高于玻璃管下端的塞子 A 时，水不但不流出，外部空气还会进入瓶中，因为外部空气压强大于瓶内空气压强。

　　"马略特瓶"得名于法国物理学家马略特。马略特是流体力学领域的专家，著有《论水和其他流体的运动》等著作，深入研究了管中流体的运动、喷水高度等问题，推进了流体力学的发展。

# 消失的重力

物理学家牛顿曾描述过这样一个实验：如果将水放在一个正在做圆周运动的水桶中，水是不会被泼洒出来的；即便水桶底朝天翻过来，水也不会流出来，因为水流出来的趋势被圆周运动阻止了。这就是著名的水桶实验。人们通常会用"离心力"来解释这一现象：离心力好像会拉着物体远离旋转中心。其实，离心力并不是真正存在的力，它是人们想象出来的。离心力只是惯性的一种表现。

在旋转的水桶上凿一个小孔，从小孔中流出的水会向哪个方向运动？如果没有重力的影响，由于水流具有惯性，想保持原来的运动状态不变，它会沿着圆周 AB 的切线 AK 洒出去。但是，重力的影响是存在的，所以重力会迫使这股水流往下落，形成一条曲线，即抛物线 AP。如果木桶做圆周运动的速度足够大，那么这股水流形成的曲线就会落到圆周 AB 的外围。通过分析水流的下落轨迹，我们可以知道：假如没有水桶的阻挡，当水桶旋转时，水流并不会垂直下落，所以水不会被泼洒出来。

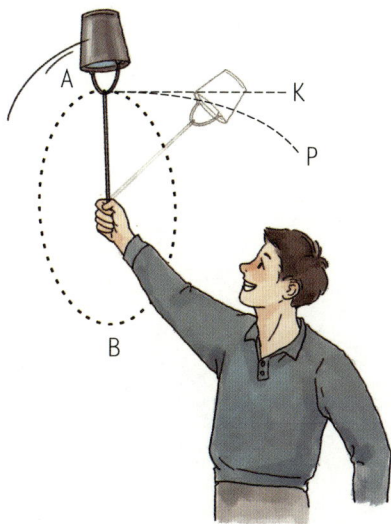

　　油水分离实验利用了离心技术。因为同体积的水比油重，所以在试管震荡或转动的过程中，水具有更大的惯性，更容易远离旋转中心。类似地，我们也可以让液态的金属旋转起来，较重的液体会停留在离旋转中心较远的位置，较轻的液体会停留在离旋转中心较近的位置。我们还可以用这种方法将气体从液态的金属中分离出来，这样铸造出来的金属中没有气泡，品质更好。

# 疯狂大转盘

　　游乐园里一般都有这样一种娱乐设施，我们就叫它"疯狂大转盘"吧。它可以转得很快，坐上去非常刺激。你如果玩过，肯定也有相同的感受。大转盘的底部有一台发电机，可以带动转盘转动。一开始，转盘转动的速度比较慢，你可以在转盘上坐着、站着或趴着。但是，随着转盘速度增加，你会发现你离转盘的中心越来越远，甚至会滑到转盘边缘，你会感觉自己快被甩出去了。

　　实际上，我们居住的地球，也是一个巨型的"疯狂大转盘"，它的中心就是地轴，我们随着地球绕着地轴不停地旋转。不过，"大转盘"并没有将我们甩出去，只是让我们的体重变轻了。

赤道是半径最大的"大转盘",旋转的速度也最快。生活在赤道附近的人,体重会比实际的轻1/300。如果考虑其他因素的影响,体重可能比实际的轻1/200,也就是5‰。由此我们可以计算出,一个生活在赤道附近的成年人去两极旅游时,体重会重3牛顿左右(相当于0.3kg)。

地球和太阳之间存在着万有引力，正因如此，地球才会绕着太阳旋转。如果你站在"疯狂大转盘"上，起初你会随转盘一起绕转盘中心旋转，是什么力让你绕着转盘中心旋转呢？其实，这个力就是你和转盘之间的摩擦力。如果管理员允许你脱掉袜子，或者你穿一双防滑袜，你就可以随转盘绕中心多旋转一段时间。但当转盘的速度越来越快，让你随着转盘一起运动的这个力就得越来越大，光脚或者防滑袜提供不了那么大的摩擦力的时候，你就会离转盘中心越来越远，最后就会被甩出去。

# 墨水旋风

　　将一块白色的硬纸板剪成圆形，再将一根细木棍的一头削尖，插到圆形纸板的中心，一个简易陀螺就做好了。

接下来，我们利用这个简易陀螺做一个好玩的实验。旋转陀螺前，先在纸板的不同位置滴几滴墨水。然后，趁墨水还没有干，旋转陀螺。陀螺停下后，观察陀螺。你会惊讶地发现，之前滴的墨水留下了一条条漂亮的螺旋线，整体看起来，它们就像旋风一样。

陀螺上的墨水跟坐在"疯狂大转盘"上的人是相似的。物体在做圆周运动时，所受到的合外力指向圆心，我们称之为向心力。对同一个物体而言，旋转的速度越快，所需要的向心力就越大。当陀螺旋转得很快时，墨水要想绕着陀螺中心旋转就需要很大的力，但墨水和陀螺之间的摩擦力并没有那么大，墨水就不能随着陀螺一起快速旋转，而是向边缘移动了。

同时，当陀螺旋转时，由于墨水具有惯性，有保持原来的位置不变的趋势，但是纸片还在旋转，纸片就从墨水下面穿过去了，移动到了墨水的前面。于是，墨水就落在了纸片的后面。所以，墨水既向纸片运动的后方运动，也从中心向边缘移动，两种运动叠加起来，墨水的运行轨迹就会变弯曲。我们就会看到墨水会留下一条条漂亮的螺旋形线，就像旋风一样。

## 物理老师这样说

空气从中心高气压区域流向边缘低气压区域，就会形成反气旋；反之，就会形成气旋。气旋近似于圆形或椭圆形，大小悬殊，小的气旋水平范围为几百千米，大的可达三、四千米。气旋的垂直气流是上升的，多阴雨天气。气旋中的天气常发生剧烈的变化，是人们最关心和最早研究的天气系统。而反气旋的水平范围比气旋的要大得多，发展强盛时，常常可与整个大陆或海洋相比拟。反气旋的近地面气流在水平方向由中心向四周辐射，垂直方向的空气自上而下补充。空气在下沉过程中温度升高，水汽不易凝结，所以反气旋控制的地区，多为晴朗天气。

# 为什么有些地面要设计成倾斜的

      首先，当一个人站在旋转着的平台边时，不考虑摩擦力的作用，他的身体只受到重力和向上的支持力。通过研究发现，物体如果想要做圆周

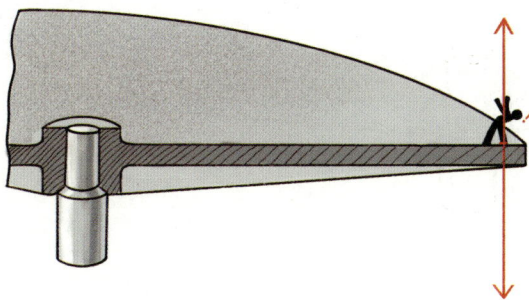

运动，那么一定要受到指向圆心的力，而这个指向圆心的力我们称之为向心力。

　　如果这个平台的边沿是向上弯曲的，而你像下图那样站在倾斜的边沿上，那么当平台静止不动的时候，你可能会站不稳，甚至会摔倒。但如果平台开始旋转，情况就不一样了。在一定的旋转速度下，作用在你身上的重力和支持力的合力就会指向圆心，充当向心力，这样你反而能很平稳地站在旋转着的倾斜平台边上。

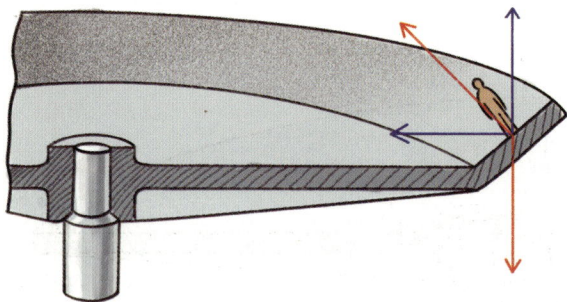

　　生活中有很多被设计成倾斜的地面：在铁路拐弯处，外侧的铁轨一般会比内侧的高；骑自行车的人和骑摩托车的人在车道上行驶时，要向里倾斜一点儿；人能够沿着倾斜得很厉害的环形跑道跑步；北京西北三环交界的转弯处也非常倾斜，但不用担心车会滑到路的内侧。

# 在魔球里行走

　　有一种会旋转的魔球，球内的底部是抛物面，顶部是玻璃罩。魔球的底座是个转盘，转盘下方有一个隐藏的机关，可以使转盘平稳地旋转。人们在魔球里行走，会有一种奇特的体验。

　　我们来做一个实验。快速旋转一个装有半杯水的玻璃杯，靠近玻璃杯边沿的水会上涨，而杯子中心的水会下沉，水面呈现跟魔球内底部类似的

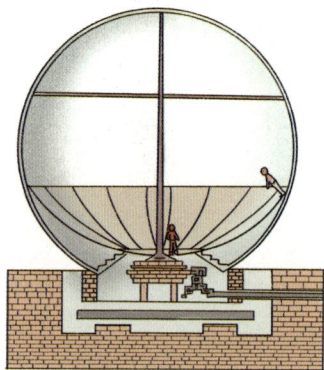

抛物面。如果将杯子里的水换成熔化的蜡，不断
地旋转杯子，直到杯子里的蜡冷却、凝固，我们
就会发现蜡在杯子里凝固成一个标准的抛物面。
这时再向杯子里放入一个小球，继续匀速地旋转
杯子，小球就会沿着抛物面水平旋转，并始终维
持在一定的高度，不会掉落下去。

　　这就是魔球的设计原理。当你站在魔球里的
斜面上时，你会受到重力和支持力的作用，支持
力的方向垂直于你站的斜面。此时，合力方向就

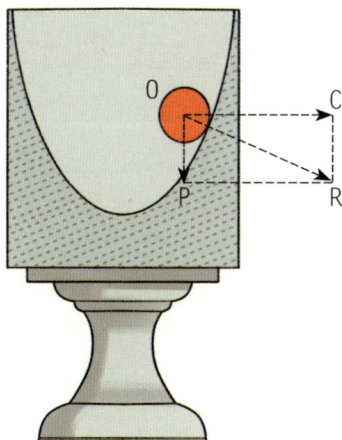

会指向魔球的轴心，你就能绕着魔球的轴心做圆周运动了。

**物理老师这样说**

　　有些科幻电影中会出现一个类似圆环的装置，这种装置叫作"模拟重力的圆环状舱室"。当圆环状舱室在太空中旋转时，平台给你的支持力就充当了向心力，你就能够绕着舱室的轴心做圆周运动。如果圆环状舱室足够大，且运转速度适当，你会感觉自己像站在地球上一样平稳。

# 伍德望远镜的
# 巧妙设计

　　反射望远镜上的反射镜是抛物面的形状。为了制造出这个形状，望远镜设计者们花费了很多年的时间去研究。美国物理学家伍德制造了一架液体镜面望远镜，解决了这个难题。他把水银放在一个大容器里，并让大容器不停地旋转，这样水银就形成了一个理想的抛物面。水银的反光效果非常好，所以这个水银抛物面可以当作发射镜来用。

　　不难想象，这种望远镜有一个缺点，就是液体镜面很容易"起皱纹"。只要外界稍有震动，液体镜面就会"起皱纹"，所呈镜像就会变形。

此外，水平镜面的观察范围也很有限，只能用它观察到天顶上的天体。

物理老师这样说

反射望远镜是一种光学望远镜，它使用曲面和平面的面镜组合来反射光线并形成影像。1988年在北京天文台河北兴隆观测站落成的216望远镜，是当时中国口径最大的反射望远镜。这个观测站地处长城北侧、海拔960米的燕山主峰南麓，是天体物理光学观测的基地之一。

# 月亮看起来到底有多大

月亮看起来到底有多大？有人会说月亮像盘子那么大，有人会说它像小碟子，也有人会说它像樱桃或苹果那么大。为什么大家对同一个物体的看法存在这么大的差别呢？

月亮看起来有多"大"，取决于个人对自身与月亮之间距离的估算。认为月亮看起来像盘子那么大的人，实际上在他看来月亮和自己的距离不到 30 米。

天文学家则会用更专业的方法去观察天体，这时就会用到"视角"的概念。视角是从被观察物体的两个端点延伸到观察者眼睛里的两条直线间的角度，通常用度、分、秒来表示。视角越大，物体在我们的视线中就会显得越大。天文学家会说这个角有半度，也就是说，从月亮的边缘延伸过来、到达我们眼里的两条直线间的角是半度。这种观测方法不易产生歧义。

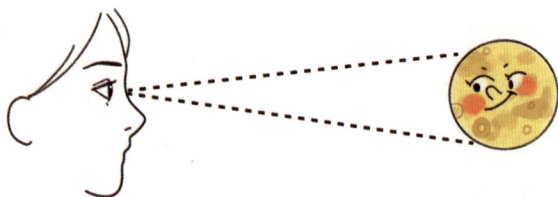

视角是什么

根据几何学的原理，如果物体与我们之间的距离是其直径的 57 倍，那么它的视角大小就是 1 度。把一个直径为 5 厘米的苹果放在离我们 57×5 厘米远的地方，它的视角大小就是 1 度。如果有人说月亮看上去只有一个苹果那么大，那么月亮在他的视角中看起来大致相当于一个距离他570厘米（大约6米）远的苹果。

**物理老师这样说**

如果我们想在纸上画一个圆，来表示我们看到的月亮的大小，那么这个圆的大小就取决于它与观察者眼睛的距离。假设这个距离是我们平时看书的距离，即明视距离（对于视力正常的眼睛来说，这个距离是25厘米）。我们可以用计算月亮视角大小的方法，计算出画在纸上的圆应该有多大，用25厘米除以114即可，答案是——比2毫米大一点儿。这个大小相当于书中注脚的字号大小。巧合的是，太阳和月亮的视角大小是相同的，它们的视角都很小。

# 显微镜真的
# 能放大物体吗

    我们用显微镜可以观察到许多微小的物体，这些物体在显微镜的视野里会明显地放大。显微镜并不是让物体的实际尺寸变大了，而是改变了物体光线的路线，扩大了观察者的视角，让物体的成像在我们的视网膜上占据更大的空间，使我们看到物体的更多细节。

    想要理解视角的作用，先要了解眼睛的一个重要特点。当我们在小于 1 分的视角范围内观察一个物体或其一部分时，物体就会在我们眼中聚焦成一点，无法清晰地看到它的形状和各个部分。如果物体太小或离我们太远，导致整个物体或者其中的一部分视角小于 1 分，我们就无法辨认物体的任何细节。因为在如此狭小的视角里，物体的成像只能触及视网膜上的一个感觉细胞，无法触及更多的神经末梢。在我们看来，物体的形状和结构等细节都消失了，就只剩一个点了。

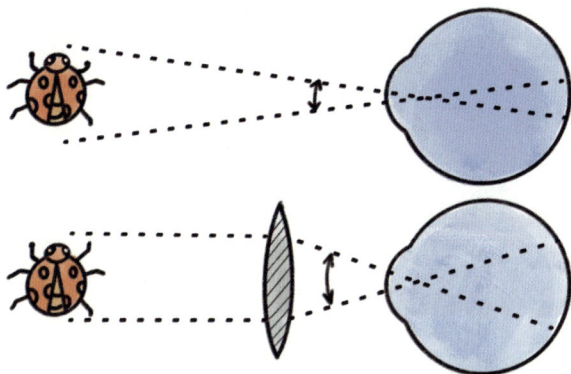

透镜将放大了的物像投射到我们的视网膜上

　　显微镜是用来观察微小物体的光学仪器，分为光学显微镜和电子显微镜。光学显微镜最早由荷兰的眼镜制造商查哈里亚斯·杨森在 1590 年左右发明的。现在的光学显微镜的放大倍率可达 1600 倍，而现在的电子显微镜最大放大倍率可超过 1500 万倍。

# 站在月球上射击

前苏联火箭专家齐奥尔科夫斯基曾说过这样一句话："地球是人类的摇篮，但人类不可能永远被束缚在摇篮里。"他写过一本科幻小说，叫《在月球上》，里面的一个故事可以让我们更好地理解物体在重力作用下的运动。

在地球上，大气会让所有物体在运动时受到阻力，人们不得不给很多原本非常简单的运动定律附加不少条件，分析过程就变得非常复杂。而月球上没有大气，如果我们想在更简单的环境中研究物体的下落运动，月球无疑是一个条件极佳的天然实验室。

在小说中，有两个人来到月球上，他们讨论

了一个问题：在月球上，从手枪里射出的子弹会怎样运动？

　　"可是，在这里，火药能起作用吗？"

　　"因为空气会阻碍火药爆炸，所以在真空中，爆炸物的威力可比在空气中的要大得多。至于氧气，则是完全用不着的，因为火药本身的含氧量已经足够了。"

　　"那我们把枪口朝上，这样子弹射出去之后，我们可以在附近找到弹壳……"

　　一道火光闪过，微弱的声音传来，地面微微颤动。

　　"枪塞飞到哪儿去了？它应该就在附近才对。"

　　"枪塞跟子弹一起飞出去了，它可不会落在子弹的后面。在地球上，它被大气阻碍，不能和子弹一起飞走，但在这里，即使是羽毛，它落下的速度也和石头的一样。你拿一片羽毛，我拿一个小铁球，如果我用铁球击中一个目标，你肯定也能用羽毛击中它，哪怕这个目标非常远。因为在这里，物体受到的重力很小，所以如果我能把小铁球扔出400米远，你也能把羽毛扔出那么远。而且，我们扔出去的东西不会破坏其他任何东西。在扔的时候，你甚至都感觉不到你在扔东西。咱俩的力气差不多大，现在，咱们就以那块红色的花岗岩为目标，使出全部力气，把手中的东西扔过去吧……"

羽毛仿佛被强烈的旋风吹起来了一样，竟然还落在了铁球前面。

"怎么回事？从刚才开枪到现在已经过去3分钟了，子弹怎么还没有落下来？"

"它应该很快就会回来的，再等2分钟吧！"

果然，又过了2分钟，我们感到地面微微一震。同时，我们看到枪塞就在不远处跳动着。

"子弹飞的时间可真够长的。它能飞多

高呢？”

“因为这里的重力很小，又没有空气阻力，所以子弹能飞得非常高，差不多有70千米。”

**物理老师这样说**

我们可以通过计算来检验一下。假设子弹脱离枪口时，它的运动速度是 500 米 / 秒。重力加速度 g 取 10 米 / 秒$^2$。假如地球上没有空气，这颗子弹能够达到的高度是：

$$h = \frac{V^2}{2g} = \frac{500^2}{2 \times 10} = 12\,500 \ (\text{米}) = 12.5 \ (\text{千米})$$

由于物体在月球上受到的重力只有在地球上的 1/6，所以重力加速度也就只有 10/6 米 / 秒$^2$。那么，在月球上，子弹可以达到的高度是：

$$12.5 \times 6 = 75 \ (\text{千米})$$

# 回旋镖

回旋镖是一种古老的投掷工具。澳大利亚的一些原住民会用它来打猎。以前，人们觉得回旋镖很神秘：回旋镖扔出去，它的飞行路线十分奇

怪。在很长一段时间里，人们都不知道它的原理。如今，科学家们已经揭开了回旋镖的秘密。

回旋镖的飞行路线之所以这样奇怪，是因为受到了三个因素的影响：投掷方式、自身旋转以及空气阻力。掌握窍门的人能够将回旋镖以恰当的角度、力量和方向扔出去再收回来，正是充分利用了这三个因素。

只要经过训练，我们也可以掌握其中的窍门。试试用硬纸板做一个回旋镖。将硬纸板剪成图中的形状，边长约 5 厘米，宽约 1 厘米。然后，用

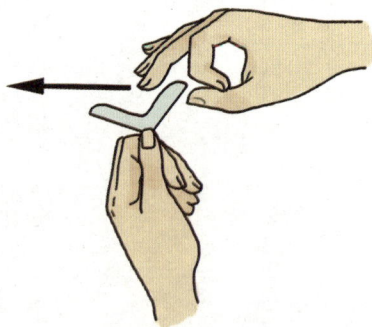

左手的拇指和食指夹住它，用右手的食指用力弹它的末端，注意要略微向上弹。你会看到回旋镖真的飞出去了，并且在空中划出了一道美丽的弧线。如果飞行路线没有障碍物，它可能会重新飞回到你身边。想要回旋镖飞出非常复杂的曲线，你还可以试试按照下图所示的方式，把回旋镖扭成螺旋状，也许会有惊喜。

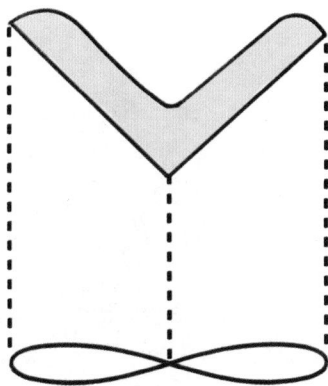

　　在澳大利亚、印度、埃及和努比亚等地，都有关于人们使用回旋镖的记录。在一些古老的壁画中，我们甚至可以看到士兵将回旋镖当作武器。不过，最有特点的还是澳大利亚的回旋镖，它的形状就是前面提到的螺旋形。它的飞行曲线非常复杂，让人难以捉摸。

# 什么动物从高处落下时不会受伤

昆虫被天敌追赶时，即使从很高的树上跳下来，也能毫发无损地落到地面上，你知道这是为什么吗？

其实，这和昆虫的体形和身体结构有关。昆虫的体形比较小，它们在碰到障碍时，身体可以马上停止运动，不会发生身体的一部分压到另一部分的情况。但是体形巨大的动物从高处落下，碰到障碍物后，身体接触到障碍物的那部分会停止运动，而其他部分却仍然在继续运动，这就会使身体的某一部分受到巨大的压力，造成损伤。

在《格列佛游记》中，格列佛误入"小人国"

利立浦特。在那里，格列佛被称为"大人山"，他的身高等于 12 个利立浦特人身高之和，食量大约相当于 1728 个利立浦特人的总和。假如利立浦特人从树上一个个地跳下来，那么它们可能只会受到很小的伤害。但是，如果 12 个利立浦特人抱在一起从树上跳下来，那么后落地的人肯定会压到先落地的人。而一个普通人的体形相当于 12 个利立浦特人，结果可想而知。

另外，昆虫在落下时不易受伤，也和它们身体结构有关。与一些巨大的哺乳动物相比，昆虫的身长只有它们的几百分之一。我们知道，很薄的木板在力的作用下容易弯曲，昆虫也是如此。在受到碰撞的时候，它们身体的各个部分可以很容易地弯曲，而且幅度非常大，所以下落给昆虫带来的伤害也会减轻很多。

　　体育课上，同学们在做起跳动作时，会不自觉地屈腿做缓冲。屈腿就是为了避免从高处下落带来的伤害。如果人从高处落地，且保持双腿伸直，那么在触地后，小腿就会停止运动，而大腿和上半身仍然在继续运动，这样就会导致小腿和膝盖因受到巨大的压力而受伤。

# 巨兽必然灭绝的命运

我们知道，动物的体形是有极限的。如果一种动物的身躯非常庞大，那么它就会需要吃很多食物，但是庞大的身躯会使它的灵活性降低，或者使肌肉与骨骼的比例不协调，这样它们得到食物的可能性也会随之降低。有一条定律：如果某种动物的体形达到了某个最大值，它所需要的食物就会超出它的能力范围，这势必会造成其灭亡。一些灭绝的古代巨型生物可以为这一观点提供例证。现在，仍然存活于世的巨型生物已经非常少了。

鲸鱼是个例外，因为它生活在水里，它的体重会被水的浮力作用平衡掉，这时，前面的定律

就不适用了。

你可能又会产生这样的疑问：如果巨大的
体形对动物的生存如此不利，那动物为什么不进
化得越来越小呢？我们假设有一个巨人，他向上
举起手臂比普通人困难 12 倍，但他可以举起的
质量是普通人的 1728 倍。如果用这个质量除以
12，我们可以得出，巨人的肌肉可以承受的质量
约是普通人体重的 144 倍。所以，如果两只动物

打斗，体形大一些的动物还是有很大优势的。不过，体形大的动物在寻找食物等方面可能会陷入绝境。

物理老师这样说

　　关于恐龙灭绝的原因，众说纷纭。流传比较广的说法是小行星撞击地球引起气候变化，导致恐龙灭绝，但上文中的观点也确实有一定道理。我们在读书时，要不断思考，一定要对一些存疑的观点反复考证，而对于一些未解之谜，就让我们一起努力，争取早日揭开它们的神秘面纱吧！

# 树木为什么
# 无法长到天上去

德国有一句谚语："大自然很体贴，不会让大树长到天上去。"

在正常条件下，树根可以牢牢地抓住地面，保证树木直立生长。如果一棵树的高度和直径都变为原来的 2 倍，那么树干的横截面面积就变成了原来的 4 倍，体积就变成了原来的 8 倍。每立方厘米的树木质量是固定不变的，当树木体积变大时，树木的质量也会变成原来的 8 倍，那么树干截面上每平方厘米受到的压力就是原来的 2 倍。

如果一棵树的高度和直径都变为原来的 100 倍，那么树干的横截面面积就变成了原来的 $100^2$

倍，体积就变成了原来的100³倍，树木的质量也变成原来的100³倍，所以树干截面上每平方厘米受到的压力就是原来的100倍。所以，树木的高度是有极限值的，如果超过了极限值，树干就会被压坏。这就是"不会让大树长到天上去"的原因。

**物理老师这样说**

　　自然界中有很多令人惊奇的现象！比如，黑麦的麦秆直径只有3毫米，但却可以长到1.5米，也就是说，黑麦麦秆的高度是直径的500倍！不过自然界中，并非所有植物的高度都是直径的500倍。比如，竹子的高度（一般高30米）与直径的比值是130；松树（一般高40米）的大概是42；桉树（一般高130米）的就更小了，大概是28。

# 被大头针
## "挤" 出来的凸面

　　请先给一个杯子装满水，确保水位与杯口齐平。然后，你再准备一些大头针并进行下面的实验，看看会发生什么。实验过程中，注意不要让水从杯子里溅出来。使大头针针尖向上，将它放到水面上，缓缓地松开大头针，让大头针慢慢地落进水里。一边放大头针，一边数放进去的数量。你会惊讶地发现，尽管你已经放入了很多大头针，杯子里的水却没有溢出来。

　　如果仔细观察，你可以发现，水面的高度比原来的略高。

　　其实，秘密就在水面上升的这一部分，被大

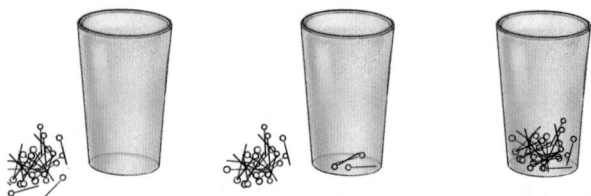

头针"挤"出来的水会形成一个凸面。如果我们可以算出每一枚大头针的体积，就可以算出水凸出部分的体积。在这个实验中，水凸出部分的体积与放入水中的所有大头针的体积相同。杯子里可以容纳几百枚大头针，如果杯子容量更大，杯口更大，水凸出部分的体积也就更大，杯子就可以容纳更多的大头针。

　　我们可以利用简单的数学公式粗略计算一下大头针和水凸出部分的体积。假设大头针是一个圆柱体，长度 h 是 25 毫米，直径 d 是 0.5 毫米。根据几何公式 $\frac{\pi d^2 h}{4}$，我们可以计算出，一枚大头针的体积大约是 5 立方毫米，再加上大头针的针帽，整枚大头针的体积大约为 5.5 立方毫米。

　　假设杯口的直径为 9 厘米，也就是 90 毫米，那么杯口的面积大约为 6 400 平方毫米。假设水凸出部分的高度为 1 毫米，那么这部分的体积就是 6 400 立方毫米，足有大头针体积的 1 200 倍之多。也就是说，一个装满水的杯子，竟然还可以容纳 1 200 枚大头针！事实确实如此，只要你足够小心，确实可以把 1 000 多枚大头针放进装满水的杯子里。这么多的大头针放进去后，水看上去就像立刻要溢出来，但却不会真的溢出来。

# 水面浮针

你能让一枚缝衣针浮在水面上吗？让一枚缝衣针像稻草一样浮在水面上，这似乎是不可能的。毕竟，即使缝衣针再细，也是由实心的金属做成的，它肯定会沉下去！如果你也这么认为，可以试试下面的实验。

首先，用纸巾将缝衣针擦干净并使它保持干燥。然后，在水面上放一张纸，将缝衣针放到纸上，再将纸压到水里。当纸完全被水浸透，沉到水里后，你会发现缝衣针依然停留在水面上。仔细观察针周围的水面，你会发现水面凹下去了一部分，形成了一个小的凹槽，针正好浮在凹槽的中间。

你还可以在缝衣针上抹点儿油脂（比如黄油

或猪油），将它小心地放到水面上。缝衣针同样能够浮在水面上。

那么，硬币可以浮在水面上吗？你也许会觉得这更不可能了，硬币可比缝衣针重得多。但只要涂上一层油脂，硬币还真的有可能浮起来。

为什么会这样呢？原因其实很简单。水和油不相溶，涂了油脂的硬币与水接触后，表面的油脂不会和水相溶，硬币就会将水面压低。而水有恢复原状的趋势，就会给硬币一个向上的支持力，这个力可以抵消硬币的重力，让硬币不会下沉，这就是水的表面张力的作用。这有点儿像小朋友玩蹦床，小朋友站在充满气的蹦床上，不会陷下去。与涂了油脂的硬币相似，水禽的羽毛上也覆盖着一层油脂，这些油脂是由特殊的腺体分泌的。虽然水禽经常接触水，但它们的身上总是干的。

　　2021年12月9日，神舟十三号乘组航天员王亚平在中国空间站做了一个水膜张力实验。他制作了一个水膜，并通过水袋给水膜加水。在加水过程中，水膜不但没有破裂，反而慢慢地变厚，这是因为水的表面张力在"大显神威"。水的表面张力是微观上水分子间相互作用力的宏观表现，无论在地球表面还是在太空中，水的表面张力都是存在的。在地球上，水滴会受到重力的作用，当水滴变大时，水的表面张力无法承受水滴的重力，水滴就会坠下，这时很难感受到水的表面张力的作用；一旦到了太空失重的环境中，水滴在表面张力的作用下会呈现出均匀的球状，即使让水滴逐渐变成水球那么大，水球仍旧不会破裂。

# 池塘里的水黾

　　我们经常会在池塘的水面上看到水黾。水黾可以在水面爬行，就像我们行走在陆地上一样。有人认为就是因为它的足部有一层油，使它的身体不会被弄湿，而且还可以很自如地在水面上爬行。

研究人员发现，水黾腿部有数千根按同一方向排列的多层微米尺寸的刚毛。人的头发的直径大约在 80~100 微米之间，而这些像针一样的刚毛直径不足 3 微米，表面上的特殊结构会像气垫一样，让水黾能够在水面上自由地穿梭。

如何才能让水黾"失足"掉进水里呢？一般情况下，体积过小的虫子是很难冲破水的表面张力而掉进水里的。但如果往水里加一点中性洗涤剂，水的表面张力就会被削弱和破坏。这时，水黾腿上的刚毛会被沾湿，继而就会沉入水中。

　　中性洗涤剂是在标准使用浓度时显示为中性的合成洗涤剂的总称，它们的主要原料是中性表面活性剂。表面活性剂的分子中有一个亲水端，与水有很强的结合力；另有一个亲油端，与油有很强的结合力。表面活性剂溶于水时，能降低水的表面张力。洗衣液溶解在水中并浸湿衣服后，洗衣液中的表面活性剂就能渗透到衣服纤维之间，降低污垢与衣服纤维的结合力，从而使污垢脱落，衣服变得更加干净。

# 从视野中消失的别针

　　把一枚别针插在一块平整的圆形软木上。然后，让软木块浮在水盆里，使别针向下。如果软木块足够宽，那么你不管从什么角度看，都看不到别针。我们的眼睛为什么收不到别针反射的光线呢？

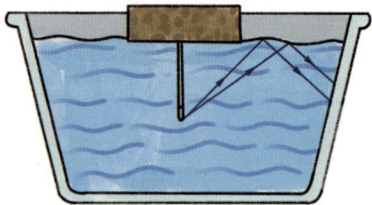

别针实验示意图

这是因为光线发生了物理学上"全反射"现象。下图展示了光从水中进入空气中的路线（光线从折射率较大的介质进入到折射率较小的介质）以及相反的路线。从空气进入水中时，光线会离法线比较近。例如，当光线和法线成 β 角时，光线在进入水中后，会沿着比 β 角小的 α 角方向前进。

如果光线沿着法线呈直角射到水面上，光线射入水的角度会小于直角，且不大于 48.5 度。相对于水面来说，48.5 度就是临界角的大小。我

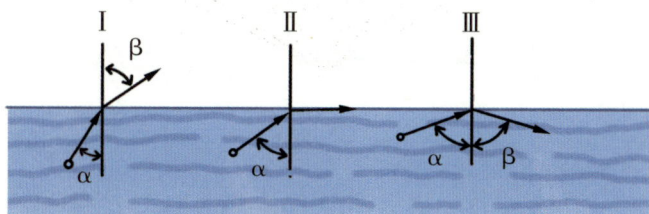

Ⅰ光线从水中射入空气的折射情况示意图
Ⅱ光线和水面相交时，它与法线之间的角度等于临界角，光线从水中射出后，沿着水面方向射出
Ⅲ全反射情况

们只有先弄清了这些简单的关系，才能理解后面那些神奇又有趣的光折射现象。

不论光线以哪种角度进入水里，都会汇集在一个狭窄的圆锥体里，这个圆锥体的顶角是97度。我们再来看一下光线从水中进入空气的情况。

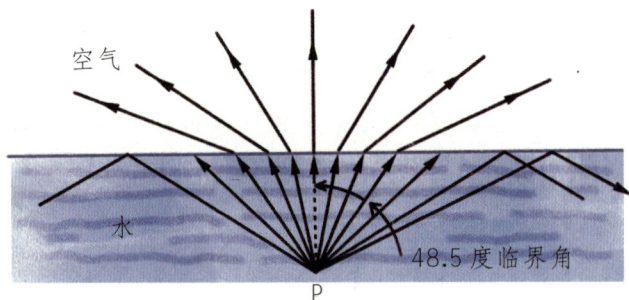

当从 P 点射出的光线与法线之间的夹角大于临界角（水的临界角是 48.5 度）时，光线是无法从水中射入空气中的，而会发生全反射现象。

依据光学原理，顶角为 97 度的圆锥体里的所有光线，在从水中进入空气时，会沿着水面上

180 度空间从不同的角度分散开。

　　那么，圆锥体之外的光线去哪儿了呢？它们根本无法进入空气中，而是被像镜子一样的水面全部反射回去了。总的来说，当水下光线与水面所成角度大于临界角 48.5 度时，就不会发生折射现象，只会发生反射现象。在物理学中，这种现象被称为"全反射"，也就是说光线全部被像镜子一样的水面反射回去了。

**物理老师这样说**

　　许多鱼都是银白色的，这和生物在水下的视觉特征有关。动物学家们认为，鱼类为了适应水面颜色，最终进化成了银白色。由于水面的全反射现象，只有颜色与水面相近的鱼类才能隐藏自己的身影，避免被天敌发现。

# 结实的蛋壳

　　我们总是认为蛋壳很脆弱，实际上，蛋壳远比我们想象得坚固。你如果用手握住鸡蛋并用力挤压它的两端，你会发现想要捏碎鸡蛋并不容易，需要很大的力气。

　　一个完整的蛋壳就像一座拱桥，即使承受较大的外部压力也不那么容易碎。如果试着将一张桌子的四条腿放在 4 个生鸡蛋上，你会发现蛋壳竟然不会被压碎！当然，将桌腿放在光滑的鸡蛋上并不容易，你可以先在地面铺垫子，将鸡蛋放在垫子上，再将桌腿放在鸡蛋上。

　　现在，你明白了为什么母鸡孵小鸡时，不必担心自己的身体会压碎蛋壳。

　　同样地，电灯泡也很坚固。而且，由于电灯泡内部几乎是真空的，里面没有物质抵抗来自外面空气的压力，所以会更坚固。其实，电灯泡承受的空气压力相当大。一个直径为 10 厘米的电灯泡的两侧所受压力大约是 75 千克，相当于一个成年男性的体重。实验证明，如果电灯泡是真空的，那么它能承受的压力会更大，可以达到这个压力的 2.5 倍。

　　白炽灯是将灯丝通电加热到白炽状态，利用热辐射发出可见光的电光源。点亮的白炽灯灯丝温度高达3 000 ℃，一旦接触空气，它就会烧断，所以灯泡内部要抽成真空的。后来人们发现，可以在灯泡中充入一些其他气体，这样可以提高白炽灯的发光效率，延长使用寿命。

# 肥皂泡

　　肥皂泡，顾名思义，是用肥皂液吹出来的。我们洗衣服用的肥皂液就可以吹肥皂泡。但是，要想吹出又大又好看的肥皂泡，最好还是用橄榄油肥皂液或者杏仁油肥皂液。把肥皂溶化在干净的冷水中，如果有干净的雪水或者雨水则更好。如果没有，可以用晾凉的开水。这样能保证吹出的肥皂泡飞得更久。另外，最好在肥皂液里加1/3的甘油。溶液配好后，去掉表面的浮沫，然后找一根吸管，在吸管的一端里外都涂抹一些肥皂，再把吸管插到肥皂液里。

　　下面我们就可以吹肥皂泡了。很多人都觉得吹肥皂泡特别简单。但是，想要吹出又大又漂亮

的肥皂泡是需要技巧和经验的。首先，要把吸管竖着放到肥皂溶液里，沾上一些肥皂液，然后把吸管没有沾溶液的一端放到嘴里，均匀吹气，就会吹出肥皂泡来，而且肥皂泡会向上飞。这是因为，我们吹出的是热气，它比周围的空气轻。

如果配制的肥皂液十分成功，你完全可以吹出直径 10 厘米的肥皂泡。如果无法吹出这么大的肥皂泡，你可以尝试在溶液中再加一些肥皂。你甚至可以在手指上沾上一些肥皂液，把手指插进吹出的肥皂泡中，肥皂泡不会破掉，神奇吧？

在我们的印象中，肥皂泡的生命总是很短暂的，但这种说法并不准确。如果保存方法得当，它可以"存活"很长时间。英国物理学家杜瓦专门制作了一个大瓶子，把肥皂泡放到里面，使它免受尘埃和空气流动的影响，这个肥皂泡"存活"了一个多月的时间。还有人用玻璃罩把肥皂泡罩起来，好几年之后肥皂泡才破掉。

**物理老师这样说**

　　仔细观察肥皂泡，我们可以从中学到很多东西。物理学家可以通过色彩绚烂的肥皂泡测出光波的波长、研究薄膜的张力，以及发现分子力作用定律等。英国科学家开尔文就曾写道："吹出一个肥皂泡，并且观察它。你需要用毕生之力研究它，还可以用它引出一堂又一堂的物理课程。"

# 关于肥皂泡的有趣实验

在成功地配出肥皂液后，我们就可以做一些有趣的实验了。在实验前，你需要保证两点：房间里的光线要充足，动作一定要缓慢、仔细、平稳。你要非常有耐心，否则，吹出的肥皂泡就不会展现彩虹般绚丽的色彩了。

**实验一：肥皂泡中的花朵**

把一些肥皂液倒进一个大盘子或者托盘上，使盘底覆盖一层 2 ~ 3 毫米深的肥皂液。在盘子中间放一朵花，用一个玻璃漏斗把它罩住。然后，慢慢地把漏斗抬起，对着漏斗细管向里面吹气，你就能吹出一个肥皂泡。将肥皂泡吹到一定的大

小后，使漏斗倾斜，慢慢地把它从下面的肥皂泡上拿开。奇迹发生了，这朵花就被罩在一层透明的、半球形的、如彩虹般五光十色的透明肥皂薄膜下面了。

**实验二：大肥皂泡套小肥皂泡**

首先，像上一个实验一样，用漏斗吹出一个大肥皂泡。然后，找一根长一些的吸管，将除了含在嘴里的部分之外全部浸入肥皂液中。最后，把这根吸管慢慢伸到大肥皂泡的中心，再慢慢地抽回来，但不要将吸管完全抽出，吹出第二个肥皂泡。这样，大肥皂泡里面就套了一个小肥皂泡。

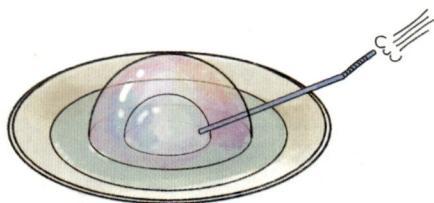

如法炮制，我们还可以在这个小肥皂泡里吹出一个更小的肥皂泡。

### 实验三：两个圆环之间的肥皂泡圆柱

准备两个铁环。吹一个大肥皂泡，直径要比铁环大一些；把它放到其中一个铁环上，再把另一个铁环轻轻放到大肥皂泡的上面，然后向上拉这个铁环。慢慢地，圆圆的肥皂泡变成了一个圆柱体。有意思的是，如果继续用力慢慢向上拉，圆柱体的中间就会

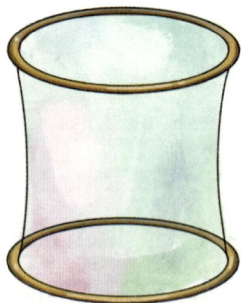

收缩。最后，这个圆柱体会变成两个肥皂泡，分别沾在两个铁环上。

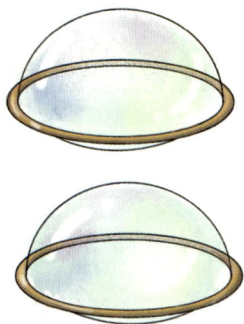

物理老师这样说

　　关于肥皂泡，还有一个非常有趣的现象：如果把它从暖和的地方移到冷的地方，它的体积就会缩小。相反，如果把它从冷的地方移到暖和的地方，它的体积就会变大。这是因为肥皂泡里的空气发生了热胀冷缩现象。假设一个肥皂泡在零下15℃时的体积是1000立方厘米，那么，如果把它移到零上15℃的房间，它的体积大约会增加110立方厘米。

# 煤油的有趣特性

在电灯还没有被发明出来的时候，人们使用的是煤油灯。在煤油灯里装满煤油，把它点亮，过一会儿煤油灯的外壁就会变得油乎乎的。即使我们把外壁擦得再干净，过一会儿，它又变得黏糊糊了。

这就是煤油的一个有趣特性。如果煤油灯加油口的盖子没有拧紧，煤油就会沿着加油口流到外面。要想不让煤油流出来，只有一个办法，就是把加油口的盖子拧紧。需要注意的是，往煤油灯里加煤油时，一定不要加得太满，因为煤油遇热会膨胀。如果煤油加得过多，而盖子又拧得很紧，就有可能发生危险。

煤油这种会"爬行"的特性，常常令人们哭笑不得。特别是在那些以煤油为燃料的船上，煤油经常从一些看不见的缝隙中流出来，流得到处都是，把船员的衣服沾得满是油污，更不用说油箱外面了。如果不采取措施，没人愿意用这样的船装载货物。针对这种情况，人们想了很多办法，但效果都不是特别好。

一位名叫詹罗姆的英国作家特别幽默，他写了一篇小说《三人同船》，里面有一段有趣的描述，就是讲煤油的。

在这个世界上，可能没有什么东西比煤油更会"钻"了。我们坐的船，油箱位于船头，但是煤油却偷偷溜到了船尾。整个旅途中，我们都被它烦透了，所有的东西无一幸免。煤油从船缝里钻出来，一会儿钻到水里，一会儿钻到空中，连海上的风也充满煤油的气味，这简直是在毒害我们的生命。就连天上的月亮，也沾染上了煤油的气味。有时候，我们让船靠岸，上岸呼吸一下新鲜空气，或者到城里走一走，但一阵风吹来，煤油的气味还是扑面而来，赶都赶不走，好像整座城市都被煤油的气味笼罩了。

## 物理老师这样说

詹罗姆在文中的描述有点儿夸张了，其实这是因为乘客的衣服上沾上了煤油，所以他总是会闻到煤油的气味。煤油这种可以浸润容器外壁的特性会使人产生一种误解，认为煤油可以透过玻璃或金属，事实并非如此，它只是沿着容器壁"爬行"罢了。

# 用筛子盛水

筛子可以盛水吗？我们就来做一个实验验证一下。找一个用金属丝编成的筛子，直径大约有15厘米，筛孔的直径大约为1毫米，可供一枚大头针穿过。先把筛子浸入熔化的石蜡中，再把筛子拿出来。我们可以想象，金属丝上此时附着了一层薄得几乎肉眼看不到的石蜡。

现在，你就可以拿刚才的筛子去盛水了，只要动作不大，避免使筛子受到震动，你可以用它盛出不少的水呢！

水没有透过筛孔漏下来，就是因为在用浸过石蜡的筛子盛水时，筛孔里形成了一层凹下去的膜。

如果我们把筛子平放到水面上，筛子不会沉下去，而会浮在水面上。

　　这个实验还可以解释日常生活中很多我们司空见惯的现象。比如，在木桶或船的表面涂一层松脂，在塞子或管子上抹一层油，在纺织品表面附上一层橡胶等做法，其实都是为了防水。

物理老师这样说

　　文中提到的现象在物理学上被称为浸润。浸润指的是一种液体会润湿某种固体并附着在固体的表面。对应地，不浸润就指的是一种液体不会润湿某种固体，也不会附着在这种固体的表面。我们在水盆里放一些水，然后把干毛巾的一部分放在水盆中，慢慢地整条干毛巾就都变湿了，这种现象就跟浸润有关。

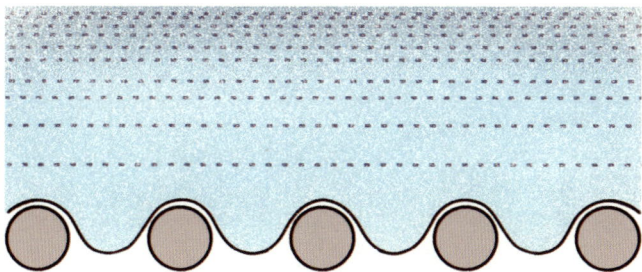

## 词汇表

### 平衡状态
物体受到几个力的作用时，如果保持静止或匀速直线运动状态，我们就说物体处于平衡状态。

### 矢量
既有大小又有方向的量。一般来说，在物理学中称作矢量，在数学中称作向量。矢量之间的运算要遵循特殊的法则。矢量加法一般可用平行四边形法则。由平行四边形法则可推广至三角形法则、多边形法则或正交分解法等。

### 加速度
速度的变化量与发生这一变化所用时间的比值。

### 重力加速度
重力对自由下落的物体产生的加速度，称为重力加速度。如果用 m 表示物体的质量，以 g 表示重力加速度，重力 G 可表示为 G=mg。

### 向心力
当物体沿着圆周或者曲线轨道运动时，指向圆心（曲率中心）的合外力。"向心力"一词是根据这种合外力作用所产生的效果而命名的。这种效果可以由弹力、重力、摩擦力等任何一力而产生，也可以由几个力的合力或其分力提供。

### 气旋
又称为低气压，是指北（南）半球，大气中水平气流呈逆（顺）时针旋转的大型涡旋。

### 反气旋
是指中心气压比四周气压高的水平空气涡旋，也是气压系统中的高压。北半球反气旋中，低层的水平气流呈顺时针方向向外辐散，南半球反气旋则呈逆时针方向向外辐散。

### 表面张力
如果在液体表面任意画一条线，线两侧的液体之间的作用力是引力，它的作用是使液体表面绷紧，这叫做液体的表面张力。